KB076186

베풀수록 돈과 사람이 몰리는
서비스의 비밀

돈 잘 버는 사람은 분명히 이유가 있다

돈 잘 버는 사람은
분명히 이유가 있다

베풀수록 돈과 사람이 몰리는
서비스의 비밀

초판 1쇄 인쇄 ǀ 2023년 01월 01일
초판 4쇄 발행 ǀ 2023년 02월 05일

지은이 ǀ 최용덕
펴낸이 ǀ 최화숙
편집인 ǀ 유창언
펴낸곳 ǀ **이코노믹북스**

등록번호 ǀ 제1994-000059호
출판등록 ǀ 1994. 06. 09

주소 ǀ 서울시 마포구 성미산로2길 33(서교동), 202호
전화 ǀ 02)335-7353~4
팩스 ǀ 02)325-4305
이메일 ǀ pub95@hanmail.net ǀ pub95@naver.com

베풀수록 돈과 사람이 몰리는
서비스의 비밀

돈 잘 버는 사람은 분명히 이유가 있다

최용덕 지음

이코노믹북스

축구공, 잉어빵 그리고 자격증 52개

어떻게 하면 잘 먹고 살 수 있을까

지금까지 늘 그것만 고민하며 살아왔던 것 같다. 축구만 하느라 아무런 사회 경험과 배경지식이 없어서, 할 수 있는 일이 거의 없었다.

하늘이 내린 천직인 줄 알았던 축구를 그만두었을 때 세상이 무너지는 줄 알았다. 아버지가 나 때문에 쓰러져서 장애를 얻게 되셨을 때 더욱 그러했다. 죽고 싶었던 순간도 있었지만 그럴 수 없었다. 남들 앞에 보란 듯이 우뚝 서고 싶었다. 나 최용덕 이렇게 잘 살고 있다고, 꺾이지 않았다고. 누구보다 성공해서 살아가고 있다고 큰소리치고 싶었다.

잉어빵 노점을 비롯해서 죽을 둥 살 둥 일했다. 안 해 본 일이 없다고 할 정도로 닥치는 대로 일했으며 무려 52개나 되는 자격증을 땄다. 자격증마다 실무를 수행했다. 얼마나 요란하게 일했던지 방송사 취재도 심심찮게 겪었다. 그럴 만도 했다.

남들은 한두 가지 일로 아등바등할 때 난 6~7개나 되는 직업을 동시에 감당했으니까. 행사 MC, 음식/옷 노점 장사, 웃음치료사, 발마사지사, 마술사, 전문대학교 평생교육원 강사, 축구교실 강사, 고등학교 체육교사, 카페바 사장, 전문대학교 학과장 등등 내가 한 일을 풀자면 한도 끝도 없다.

이 모든 고생의 목표는 단 하나, 성공이었다. 그리고 그 목표를 이뤘다고 감히 말할 수 있다. 수백, 수천억대의 자산가는 아니지만 빚한 푼 없이 넉넉한 자산을 일궈냈고, 20년 넘는 경력의 서비스 전문가이자 사업가, 유튜버가 되었다. 엉망진창으로 꼬였던 인생이 결국 풀렸고, 어린 날 반드시 꿈을 이루겠다고 두 주먹 불끈 쥐었던 것이 부끄럽지 않게 살아가고 있다.

살 만해진 세상이 되고 나니 내 이야기를 알리고픈 욕심이 생겼다. 오로지 땀 흘리는 노동으로 차근차근 한 계단씩 밟아온 사람으로서 성공의 노하우를 나누고 싶었다. 강연으로 전파하는 데는 한계가 있었다. 그래서 이 책을 썼다.

내가 발견한 성공 노하우는 넉넉하고 후한 마음이다. 내게 돌아올 이익을 계산치 않고 상대에게 후하고 푸짐하게 퍼주는 것이다. 상대의 입장을 배려해 베풀었을 뿐인데, 오히려 나한테 좋은 일이 생겼다. 불리했던 판도가 서서히 유리하게 바뀌어 갔고, 적인 줄 알았던 이들이 아군으로 변신하였다. 베풀수록 돈이, 사람이 나에게 몰려왔다. 직장생활 혹은 사업 현장에서 성공하고 싶은 이들 그리고 자기 삶을 바꾸고 싶은 이들은 이 책에 담긴 성공의 원리를 꼭 배울 것을 권한다.

마지막으로 감사한 분들에게 지면을 통해 인사를 드리고자 한다. 하늘에서 나를 지켜보고 계실 아버지와 늘 기도해 주시는 어머니, 사랑하는 아내 수영 씨와 세 아이들, 항상 힘이 되어 주는 세 누나들과 매형, 처형, 처제, 동서님들 너무 사랑하고 감사합니다.

박사가 될 수 있게 해주신 손환 교수님, 이 책이 세상에 나올 수 있게 도움을 주신 김신규 삼촌과 김덕호 형님, 양원근 대표님, 유창언 대표님, 박보영 편집자님, 감사합니다. 축구 인생에 잊지 못할 김

경호 은사님과 포족79, 이마발 친구들과 선후배님들 고맙습니다. 이 책을 읽어주시는 독자 분들에게도 진심으로 감사드립니다.

2022년 겨울을 맞으며

최용덕

차 례

Chapter 1

어떻게 팔까 :
쏟아 부을수록 몇 배로 돌아온다

Chapter 2

잘나가는 사장의 전략 :
후하고 너그럽게 진심을 드러내기

Chapter 3

성공을 부르는 자기관리 :
펄떡이는 심장을 유지한다는 것

지독한 불운의
아가리에서

"쟤 말이야. 축구선수 때려치우고 고작 저런 일하는 거야?"

"후배들 보기에 창피하지도 않나 봐."

스물한 살에 축구를 때려치우고 고향에 내려와 버터구이 오징어 노점 장사를 할 때, 곳곳에서 수군대는 소리를 들었다. 이왕 흉을 보는 거라면 들리지 않게 하던가, 일부러 들으라는 듯 지척에서 쑥덕대니까 속이 뒤틀렸다. 기분이 더러웠지만 어쩔 수 없었다. 모든 게 다 사실이니까.

나는 불과 얼마 전까지만 해도 앞길이 창창한 축구선수였다. 대학교에 다니면서 국가대표 꿈나무로 인정받았다. 이동국 선수와 동기로 함께 그라운드를 누볐고 '포철공고 게르만 전차'라고 하면 청소년 축구계에서 모르는 사람이 없는 실력파였는데…. 그랬던 내가 하루아침에 아무것도 아닌 신세로 전락하고 말았다. 이런 일이 생길 줄 꿈속에서조차 생각해 본 적이 없었다. 평생 함께해 온 축구를 하루아침에 못하게 될 줄은.

왜, 왜, 왜, 도대체 왜! 무엇이 잘못된 걸까. 손으로는 오징어를 뒤집으면서 머릿속은 내 과거의 시간을 더듬어 들어갔다.

내 축구 인생은 초등학교 4학년 때부터 시작되었다. 축구를 무척 좋아하셨던 아버지는 나를 데리고 학교 운동부로 가서 "내 아들인데 축구 좀 시켜봐"라고 말씀하셨다. 감독님이 아버지의 후배였다. 아버지의 손에 이끌려 시작한 운동이었지만 해 보니까 무척 재밌었고 끌렸다. 초등학교 그리고 중학교 선수 생활을 마치고 포항제철공업고등학교로 진학했다. 함께 뛰었던 7명의 동기 중 6명이 안동에 있는 고등학교로 진학했는데, 나 혼자 포항으로 간 이유는 당시 포철공고 축구부가 유명했기 때문이다. 거기에서 만난 친구가 이동국 선수이다. 그동안 상대팀 선수로서 만났었는데 고등학교부터는 같은 팀이 되었다.

고향인 경북 영주시 풍기읍에서 포항까지 편도로 6~7시간 걸려서 학교 숙소에서 생활했다. 주말엔 집에 갈 수 있었으나 거리가 너무 멀어서 갈 수가 없었다. 고맙게도 이동국 선수가 자기 집에서 지

내자고 말해 주어서 3년 동안 주말마다 함께 지냈다.

　1~2학년 때는 후보 선수로 있다가 3학년이 되면 선발 선수가 된다. 우리 학교는 2회나 전국대회를 제패했고 대학부 형님들, 프로팀 2군과의 경기에서도 승리를 거두었다. 하도 승리를 많이 거둬서 포철공고가 아니라 포철공대라는 별명이 붙었다. 대학생처럼 잘한다는 의미였다. 이렇게 승승장구하는 학교에서 나는 실력 좋은 선수로 두각을 나타냈다. 우승을 거두고 고향 풍기읍으로 돌아오면 온 마을 사람들이 인사하고 칭찬해 주었다. 부모님은 정말 자랑스러워하셨다.

　고등학교 3학년으로 대학을 결정할 때는 내가 원하는 학교를 골라갈 수 있었다. 우리 동기들은 대학 축구팀의 섭외 1순위였다. 다들 축구 명문을 고를 때 나는 체육학과로 진학할 수 있는 학교를 선택했다. 내 꿈은 고등학교 체육교사가 되는 것이었기 때문이다. 축구선수로서 운동을 마음껏 하다가 선수 생활을 마치면 학생들을 가르치는 선생님이 되고 싶었다. 러브콜을 보내준 A, B, C 대학교 중에서 체육학과 진학을 약속해준 C대학교로의 진학을 결정했다. 축구를 잘하니까 일이 술술 풀렸다. 아니 술술 풀리는 것만 같았다.

　당시 고등학교 축구부 선수들은 12월 말~이듬해 1월에 미리 대학교에 입학했다. 학교에 가서 훈련을 받으면서 2월에 정식 입학 원서를 내는데, 내게 제시된 것이 '무역학과'라는 걸 알게 되었다. 분명히 체육학과로 내정되어 있었던 걸 감독님과 부모님까지 모두 확인했는데, 이제 와서 전혀 생각지도 못했던 전공에 배정되다니! 놀라지 않을 수 없었다. 곧바로 짐을 싸서 고향으로 내려갔다. 실망감, 배신감, 좌절감이 온몸을 사로잡았다.

집안이 발칵 뒤집혔다. 부모님은 고등학교 때 감독님에게 연락했고, 그분이 다시 대학교 감독님에게 연락했다. 감독님은 자신은 전혀 모르는 일이니 일단 나를 다시 학교로 보내라고 답했다. 매형이 어머니와 나를 차에 태워서 학교에 데려다주었다. 고등학교 감독님은 자초지종을 확인한 다음 나와 만났다. 이렇게 될 줄 몰랐다고, 다시 고등학교로 돌아가자고 했다. 1년간 후배들하고 운동하면서 몸을 유지하고 내년에 체육학과가 있는 다른 학교로 진학하자고.

감독님의 제안을 거절했다. 학교에 남겠다고 했다. 그때 대학 측에서는 1년만 기다리면 2학년에 올라갈 때 과를 바꿔 주겠다고 약속했다. 그 말을 믿었다. 한편으로는 고등학교에 다시 돌아가서 1년간 후배들과 뛰는 게 창피하다는 생각도 있었다. 고향의 자랑이었는데 다시 고등학교로 돌아가다니 주변 사람들에게 뭐라고 설명할 것인가. 그래서 감독님께 축구를 열심히 해서 프로팀으로 가고 국가대표팀 선수로 뛰고 싶다고 말했다.

"1년만 참을게요."

내 말에 고등학교 감독님은 더 이상 권하지 않고 다시 고향으로 돌아갔다. 당시 확인했던 바로는 내가 내정돼 있던 체육학과 자리에 다른 선수가 진학했다고 한다. 난 촉망받는 선수로서 스카웃된 것이고 학교가 분명히 약속했던 자리였는데, 어떻게 바뀌게 되었는지는 지금도 알 수 없다. 그때의 일로 내 인생은 꼬이기 시작했다.

꾹 참고 일 년을 보냈다. 적성에 맞지 않았던 공부를 꾸역꾸역 했다. 그렇게 겨울이 되었고 해가 바뀌었다. 학교에서는 아무런 말이 없었다. 코치에게 물었다. 왜 과를 옮겨주겠다는 소식이 없는지를. 코치는 자신도 알 수 없다고 답했다. 누구에게 물어봐도 회피했다. 아마 학교에서는 시간이 지나면 그럭저럭, 대충 흘러가리라 여겼던 것 같다. 그러나 내 성격은 그렇지 못했다. 대학 감독님에게 찾아가서 선언했다. 이런 식으로 학교를 다닐 수 없다고.

"저는 죽어도 체육학과를 가고 싶어요. 반드시 나중에 교사가 되고, 교수도 될 겁니다."

감독님은 학교를 그만두겠다면 자퇴서를 쓰라고 했다. 학교의 문제가 아닌 학생의 자의로 학교를 나간 것이라는 기록을 남겨 책임을 분명히 하고 싶었으리라. 자퇴서를 쓰고 학교를 떠났다.

꼭 그래야만 했을까. 이제 와서 돌이켜보면 이런 생각도 든다. 당시는 너무나 억울했고 스물한 살의 끓어오르는 혈기도 있었던 것 같다. 영문도 모르고 꿈이 꺾였다는 좌절감을 참을 수가 없었다.

집으로 돌아와서 축구화, 유니폼, 훈련복을 모두 불태웠다. 부모님은 기절초풍을 했다. 자랑스러운 막둥이 남동생의 뒷바라지를 아낌없이 해주었던 누나들도 난리가 났다. 그간 체력관리를 철저하게 해온 내가 늦게까지 잠을 자고 빈둥거리는 모습을 보고 모두들 좌절했다. 특히 아버지가 속상해하셨다. 내가 고향에 내려온 후 아버지는 동네를 돌아다니지도 못하셨다.

아버지는 술을 좋아하셨는데 나 때문에 속이 상해 더 많이 드셨다가 결국 뇌졸중으로 쓰러지셨다. 긴 수술을 마치고 깨어난 아버지가 나를 보고 "아저씨 누구세요?"라고 물었을 때 정신이 아득해졌다. 뛰쳐나가 주먹이 으스러지도록 벽을 치며 울었다. 사방이 암흑으로 돌변한 것 같았다. 며칠이 지난 후 다행스럽게도 아버지의 정신은 돌아왔지만 신체 왼쪽이 마비되었다. 뇌병변장애 2급이었다. 이 모든 일이 대학교를 그만두고 온 지 한 달도 안 되어 벌어졌다.

죽고 싶었다. 나 때문에 모든 게 망가져 버렸으니까. 정신을 차릴 수가 없어서 한 달 가까이 밖으로만 떠돌다가 어느 날 오토바이를 타고 나갔다. 내가 갈 곳은 인근 다리 밑. 그걸 들이받으면 완벽하게 죽을 수 있으리라 생각했다. 엑셀을 땡겨대면서 마구 달렸는데 다리를 못 미쳐서 오토바이가 미끄러졌다. 몸 한쪽이 다 바닥에 쓸려서 피투성이가 되었는데 죽진 못했다.

B와 D 사이, 내가 선택한 것

만약 신께서 딱 한 가지 소원을 들어준다면 무엇을 빌고 싶은가. 남들은 로또번호를 알고 싶다든지, 부자가 되고 싶다든지, 재벌의 자녀로 태어나고 싶다든지 할 것이다. 하지만 난 아니다. 내 소원은 과거로 돌아가는 것이다. 고등학교 축구부 감독님이 내게 다시 고등학교로 돌아가자고 말했을 때, 그 순간으로 가고 싶다.

고등학교로 다시 돌아가 새로운 대학교에 갔다면 절대 축구를 그만두지 않았을 테고 선수로서 뛰다가 은퇴했을 것이다. 하지만 자존심 때문에 그렇게 하지 못했다. 인생의 중요한 순간에 자존심을 앞세우면 안 된다는 걸 이때 배웠다. 이 순간이 가장 후회된다.

다시 돌아간다면 난 감독님의 권유를 따를 것이다. 그렇게 되어 지나간 시간을 바꾸고 싶다. 축구선수 최용덕의 삶을 살아보고 싶다. 그토록 그리웠던 그라운드를 다시 밟고, 관중의 환호성을 온몸으로 느끼면서 공을 차고 싶다. 날 뿌듯하게 바라보던 부모님의 얼굴을 다시 한 번 보고 싶다. 제발, 그럴 수만 있다면.

프랑스의 철학자 장 폴 사르트르는 "인생은 B와 D 사이의 C다."라는 말을 했다. 태어남(Birth)과 죽음(Death) 사이의 선택(Choice)이라, 곱씹을수록 맞는 말이다. 인생의 방향이 틀어진 건 내 잘못은 아니었지만, 그 가운데 나의 선택이 있었던 것은 분명한 사실이다.

죽고 싶을 만큼 현실이 싫었지만 넋을 놓고 있을 순 없었다. 그럴수록 성공하고 싶었다. 어차피 죽을 각오를 했는데 이 각오로 산다면 뭔들 못할까. 더 큰 성공을 이뤄서 꼬여 버린 내 앞길을 다시 반듯하게 만들고 싶었다. 그게 진정한 복수라 여겼다. 뭘 해서 성공할까. 스물한 살, 아직 세상 물정을 알지도 못하면서 성공 방법을 고민했다. 잘하는 일을 찾아내고 싶었고, 이내 생각해냈다.

나는 축구 말고도 잘했던 일이 하나 더 있었다. 바로 장사였다. 8~9세 때부터 온 동네를 돌아다니며 공병을 주워서 슈퍼마켓에 가서 팔았다. 콜라와 사이다병은 10원, 정종병은 30원, 델몬트 주스병은 50원. 이렇게 모은 돈으로 친구들과 함께 과자와 아이스크림을 사먹고 오락을 했다.

좀 더 자란 후에는 산에 가서 뱀을 잡아와서 건강원에 팔았다. 뱀을 판 수익은 공병 팔이를 뛰어넘었다. 겁도 없이 독사와 꽃뱀을 잡아서 마리당 5~8천 원씩 받았다. 동네 빈집을 다니면서 전깃줄을 뜯어서 태운 다음 구리가 남으면 그것도 팔았다. 동네에서 인삼을 수확하는 날에는 어른들이 다 캐고 난 후 밭에 들어가 미처 발견되지 못한 인삼을 캤다(수확이 끝난 후엔 아이들이 밭에 들어가 남은 잔뿌리를 캐도록 허용해 주었다). 이렇게 온갖 돈벌이를 하여 늘 주머니에 돈이 두둑했기에 동네 골목대장이었다. 동네 아이들이 내 뒤를 졸졸 따라다녔다. 조그마한 꼬마 시절부터 돈을 벌고 싶었다. 그래, 돈을 벌어보자. 돈을 벌어서 학교도 다시 다니고 내가 원하는 교사 자격을 따고 교수까지 되어 보자. 새로운 꿈을 다졌다.

막내 누나에게 부탁해 100만 원을 빌려서 풍기 시장에서 즉석 버터구이 오징어 장사를 시작했다. 잘 나가던 최용덕이가 축구를 그만두고 동네에서 노점을 한다는 소문이 삽시간에 퍼졌다. 앞서 언급했듯이 50일 동안 장사하면서 손가락질을 많이 받았다. 풍기읍엔 축구 명문 초등학교, 중학교가 다 있었던 터라 축구에 대한 관심이 높았다. 그런 곳에서 스타로 주목받던 이가 이러고 있으면 후배들이 뭘 보고 배우겠느냐는 거였다. 내가 왜 이렇게 되었는지 일일이 설명할 수도 없었기에 울분을 안으로 삭였다.

악착같이 돈을 벌어서 누나에게 빌린 돈을 갚고도 500만 원을 만들었다. 이 돈을 후일 사업 밑천으로 쓸 생각으로 누나에게 맡겨놓고 만 원만 들고 서울로 올라왔다. 낯선 서울 바닥, 찬바람이 부는 청량리역에 내려서 광장 시계탑에 '최용덕, 풍기에서 서울 오다'라고 새겼다. 돈을 벌기 전까지, 성공하기 전까지는 고향에 내려가지 않으리라 굳게 결심했다.

서울에서 대학교를 다니는 고향 후배에게 찾아가 얹혀살면서 서울살이가 시작되었다. 당장 밥벌이를 위해 전단지 배부와 막노동, 단란주점 웨이터 아르바이트를 하는 한편으로, 학업도 다시 시작했다. 감사하게도 어머니 지인 분의 도움으로 모 대학교의 교수들이 머리를 맞대고 내가 체육학과에 다닐 수 있는 방안을 연구해 주신 것이다. 나는 이분들의 도움으로 전문대학 2학년에 편입 형태로 입학하였고 졸업 후 같은 재단의 4년제 대학교 체육학과 3학년으로 편입하게 되었다. 축구선수로는 이제 영영 뛸 수 없게 되었지만 체육교사라는 꿈, 그 꿈으로 가는 길은 다시 이어졌다.

두 번 다시 가족들의 신세를 지고 싶지 않아서 홀로서기를 준비했다. 축구선수 시절, 연로하신 부모님을 대신해 막내동생을 아낌없이 지원해준 세 누나들에게 기대고 싶지 않았다. 나 때문에 병을 얻은 아버지가 다시 아들을 자랑스러워하시는 걸 보고 싶었고, 어머니의 깊은 시름을 조금이라도 덜어드리고 싶었다. 누나에게 맡겨둔 500만 원으로 첫 대학교 등록금과 기숙사비를 냈고, 이후에는 온갖 아르바이트로 생활비와 학비를 충당했다.

대학생 때 가장 중요한 돈벌이는 황금 잉어빵 노점이었다. 막내 매형의 도움으로 잉어빵 기계를 얻었고, 이 지역 황금 잉어빵 재료를 공급하는 담당 사장님으로부터 도움을 받아 재료를 공급받았다. 학교에 허락까지 받은 다음 후문에서 장사를 시작했다. 한적한 길이었는데도 수완 좋게 장사한 덕에 필요한 비용 이상을 벌 수 있었다. 내 사연과 장사 능력이 알려지면서 유명세도 얻었다.

노점 외에 식당 서빙, 나이트클럽 웨이터 등 온갖 아르바이트를 섭렵하며 돈을 벌었다. 일자리를 쉽게 구하기 위해 자격증 취득에도 관심을 가졌다. 레크리에이션 자격증을 필두로 발마사지사, 웃음치료사, 구연동화 지도자 등 52개의 자격증을 취득했다. 자격증을 취득한 다음 그 일들도 병행했다. 일의 가짓수가 많은 만큼 어마어마하게 많은 사람들을 만났다. 연령대, 직업, 그들과 만나는 장소 모두 다양했다.

돈을 벌면서 한편으로 학업도 소홀히 하지 않았다. 고등학교 때까지 축구만 하느라 아무것도 할 줄 아는 게 없어서 난처했던 경험을 많이 한 나였다. 공부의 필요성을 절감했다. 게다가 꿈이 교사이고 교수인 만큼 공부를 열심히 해야 하는 건 당연했다. 전문대학을 마치고 4년제 대학에 편입한 후 3, 4학년을 다니면서 4학기 내내 장학금을 받았고 차석으로 졸업했다. 그날 부모님이 졸업식장에 참석하셨다. 휠체어를 탄 아버지가 빛나는 눈빛으로 나를 바라보셨던 걸 지금도 잊을 수가 없다.

　내 인생은 꼬였던 실타래를 서서히 풀고 꿈꾸던 대로 흘러갔다. 대학교를 졸업한 후 대학원 석사 그리고 박사 과정까지 밟았고, 그 과정에서 전문대학 평생교육원 강사, 축구교실 강사, 고등학교 체육교사, 카페바(Cafebar) 사장, 박사학위 취득, 모 전문대학 학과장 등의 직업을 경험했다. 어떤 땐 하루에 6~7개의 직업을 병행하느라 이리 뛰고 저리 뛰면서 돈을 많이 벌 수 있었다. 물론 거저 얻은 게 아니라 매 순간 이를 악물고 노력한 끝에 얻어낸 결과였다. 수차례 목숨을 버릴 마음을 먹었을 만큼 초라하고 비참했으나 그 고비를 넘겼다.

　지금은 엔터테인먼트 회사를 운영하면서 자영업자와 1인사업가를 대상으로 강의를 하고 있으며, '최교수TV'라는 유튜브 채널도 운영하고 있다. 스물한 살 가슴속으로 눈물을 삼키며 반드시 성공하겠다고 주먹을 쥐었던 대로, 그럭저럭 꿈을 이뤄 가는 중이다.

바람 앞에 든든한 등불을 만들어주는 비결

다양한 직업 덕분에 남다른 경험을 쌓았다. 일의 종류가 워낙 많아 보이지만 내가 한 일은 한마디로 정의될 수 있는데, 바로 서비스이다. 숱한 아르바이트, 노점을 포함해 20개에 가까운 사업장 운영 경험, 52개의 자격증으로 경험했던 직업 모두가 본질적으로 서비스의 성질을 가지고 있다.

서비스의 사전적 정의는 "생산된 재화를 운반, 배급하거나 생산, 소비에 필요한 노무를 제공함", "개인적으로 남을 위해 돕거나 시중을 듦", "장사에서 값을 깎아주거나 덤을 붙여줌"이다. 의미를 보면 모두 다 내가 한 일과 동일하다. 사람을 만나 그가 필요로 하는 걸 채워주는 일. 서비스의 정의가 이러하기에 여기서 가장 중요한 건 사람이다. 그리고 잘 알려져 있다시피 사람의 마음을 얻는 게 세상에서 가장 어렵다. 생떽쥐베리의 〈어린왕자〉에서 "세상에서 가장 어려운 일은 사람이 사람의 마음을 얻는 일"이라고 말한 것처럼 나 역시 사람의 마음을 얻는 일이 가장 어렵다는 걸 뼈저리게 체험하였다.

"세상에서 가장 어려운 일이 뭘까."

"글쎄…. 돈 버는 일? 밥 먹는 일?"

"세상에서 가장 어려운 일은 사람이 사람의 마음을 얻는 일이야. 각각의 얼굴만큼 다양한 각색의 마음은 순간에도 수만 가지 생각이 떠오르는데, 그 바람 같은 마음이 머물게 한다는 건 정말 어려워."

－생떽쥐베리 〈어린 왕자〉 중에서

일을 갓 시작할 때마다 사람이 어려워서 애를 먹었다. 어떤 직업이든 사람의 마음을 얻으면 잘 풀렸고, 얻지 못하면 꼬였다. 끝내 마음을 얻지 못해 쓰디쓴 눈물을 삼키며 물러섰던 경험도 있었다. 사람으로 인해 용기를 얻고 반대로 사람 때문에 눈물을 흘리는 좌충우돌의 경험이 쌓이면서 사람의 마음을 얻는 방법을 자연스레 터득해 갔다.

사람들의 심리가 보이기 시작하자 일하기가 쉬워졌고 실력이 눈에 띄게 좋아졌다. 내가 일하는 현장을 본 사람들은 이후에도 계속 연락하면서 인연을 이어가길 바랐다. 일이 잘 풀려 나가면서 사람에의 두려움이나 사람의 마음을 얻는 게 힘들다는 생각이 점차 사라지게 되었다.

온갖 직업 경험을 통해 사람의 마음을 붙드는 원리를 배웠다. 원리는 생각보다 간단하다. 상대에 대해 넉넉한 마음을 가지면 된다. 넉넉한 마음으로 그가 말하는 것, 그의 욕구를 경청하고, 들은 대로 후하게 채워주면 된다. 상대의 목소리에 진심으로 귀를 기울이면 마음 문을 열 수 있다는 것, 어릴 때부터 귀에 못이 박히게 들어왔던 인간관계의 상식이 진실이라는 걸 현실 세계에서 직접 확인할 수 있었다.

이 점을 깨닫고 일할 때 적용했다. 앞서 얘기했듯 내가 직접 운영한 사업장은 노점을 포함해 20개에 육박한다. 아르바이트를 한 곳은 그보다 훨씬 많다. 그곳들에서 일하면서 사람의 마음을 사는 방법을 탐구했고, 발견했으며, 적용했다. 또한 대박 가게들을 찾아다니면서 그들의 성공 원리를 알아냈다.

내가 발견했던 가게들은 하나같이 고객들에게 푸짐하고 넉넉한 퍼주기를 아끼지 않았다. 뭔가 대단한 테크닉이 있기보다는, 우리 가게를 찾은 손님들에게 후하게 퍼준다는 기본 원리에 충실했다. 투박해 보여도 진실했고 따뜻했다. 그래서 사람들이 늘 붐볐다.

고등학생 때 즐겨 갔던 포항 시내의 한 식당은 저렴한 가격에 김치찌개, 된장찌개를 팔면서 10가지 넘는 반찬을 제공하였다. 서울에 올라와 대학교에 다니면서 종종 갔던 분식점은 라면 하나를 시켜도 반찬이 15가지 넘게 나왔다. 3500원짜리 라면에 반찬을 이렇게 많이 줄 수 있다는 게 신기했다. 두 식당 모두 고급스러운 반찬을 차린 건 아니다. 집에서 흔히 먹는 밑반찬류이다. 그러나 보기에 푸짐하게 차려주니 고객들은 마치 수라상 받듯이 대접받는 기분으로 맛있게 식사할 수 있었다. 반찬 리필이나 공기밥 인심 역시 후했다. 여느 가게들이 으레 돈을 받는 서비스를 무료로 제공해 주었다. 마치 부모님이나 동네에서 오래 뵀었던 어르신들처럼 안부를 묻고 잘 먹으라며 그릇을 가득 채워 주었다. 타지 생활을 하면서 종종 외로움을 느꼈던 처지라 사장님들의 배려에 큰 감동을 얻었다.

　내 필요와 함께 마음까지 가득 채워 주는 가게라면 누군들 가지 않을 이유가 있을까. 고객의 마음을 사로잡길 원하는 기업/자영업자들이라면 베푸는 넉넉함을 반드시 갖추기 바란다. 어떤 사업을 하고 누구를 만나던지, 상대방에게 넉넉하고 후하게 베풀 결심만 되어 있다면 성공은 당연한 결과로 따라온다. 넉넉함, 이것이야말로 돈과 사람을 끌어들이는 필살기이다.

　인생은 B와 D 사이의 C, 매순간 선택의 연속이다. 비록 늘 현명하게 선택(Choice)하진 못했지만, 선택한 후에는 적어도 그에 대한 책임을 졌고 끝까지 포기하지 않으려 애썼다. 비록 축구선수의 꿈을 이루진 못했지만 더 이상 부끄럽지 않고 당당하게 어깨를 펴고 살게 되면서, 내 이야기를 나누고 싶어졌다. 이게 이 책을 쓴 이유이다.

　어디선가 나처럼 잘 풀리지 않는다고 좌절하는 이가 있다면 그에게 함께 힘을 내자고 말하고 싶다. 눈앞에 벌어진 현실에 좌절하기보다 그럴수록 더 잘 살아보자고 하고 싶다. 아무것도 가진 게 없는 것 같아도 그렇지 않다. 내 곁에 손을 잡아주고 끌어주는 사람이 있고, 그와 넉넉하고 후한 마음을 주고받을 수 있는 한 얼마든지 다시 일어설 수 있다.

어떻게 팔까 :

쏟아 부을수록
몇 배로 돌아온다

01

"이렇게 퍼줘서
남는 게 있나요?"

고객들을 사로잡는 '손 큰 사람들'

스물한 살 때 노점을 시작한 이후 장사에 본격적으로 흥미가 생겼다. 시간이 날 때마다 전국 구석구석을 다니며 장사가 잘 되는 곳, 안 되는 곳, 대박 가게 등 여러 곳을 탐방했다. 노점인데도 엄청나게 돈을 버는 경우도 여러 번 보았다.

대학원에 다니고 있을 때였는데 우연찮게 어느 대학교 근처에서 왕닭꼬치 노점을 보게 되었다. 일반적인 닭꼬치보다 두 배 정도 길어서 이름이 왕닭꼬치였고, 가격은 2,000원으로 일반 닭꼬치의 두 배였다. 볼 때마다 사람이 바글바글 붐볐으며 테이블에는 꼬치가 늘 산처럼 쌓여 있었다. 비법을 알고 싶다는 일념으로 어느 날 작정하고 가게를 관찰해 보았다.

그 노점은 특이하게도 콜라를 서비스로 제공하고 있었다. 왕사탕도 무료였다. 테이블에 한 바구니 수북하게 쌓아두고 마음껏 가져가라고 하였다. 관찰할수록 이해하기 어려웠다. 고작 2,000원짜리 닭꼬치를 팔면서 콜라와 왕사탕이 무료라니. 닭꼬치 제조원가를 감안하고 서비스를 포함하면 남는 게 없을 것 같았다. 어떻게 이익을 남기는 것인지 꼭 알고 싶어서 마감 때까지 기다렸다. 자정이 넘은 시각에 마주한 사장은 내가 몇 시간 동안 관찰하는 걸 봤다면서 내 질문에 친절하게 답해 주었다.

그가 말해준 내용은 의외로 단순했다. 콜라와 왕사탕을 도매시장에서 저렴하게 공수해 왔다. 닭꼬치 원가와 무료 서비스를 다 합해도 단가가 500원 정도였고, 2,000원에 팔았으니 네 배의 수익이었다. 무료라고 해서 콜라를 서너 잔 이상 마시거나 왕사탕을 한 주먹 가져가는 이도 드물었다.

노점이기 때문에 꼬치만 사가지고 가는 고객들도 많았다. 그 자리에서 먹는 고객들은 무료 서비스 덕분에 꼬치를 더 맛있게 먹을 수 있었다. 매우 저렴한 비용으로 무료 서비스를 갖추고 그 덕에 메인 메뉴를 더 많이 팔 수 있게 된, 아주 좋은 판매전략이었다. 노점 사장님은 매월 천만 원이 넘는 매출을 올린다면서 자기 수입을 공개했다. 2000년대 초였고 노점이었는데 천만 원이라니, 지금으로 치면 2천만 원이 넘지 않을까. 진짜 엄청난 액수이다. 대부분의 사람들은 번듯한 상가, 식당에서만 서비스를 할 수 있다고 생각하는데 노점, 길거리 장사라 해도 서비스 전략을 잘 세우면 성공할 수 있다는 걸 알게 해준 경험이었다.

나를 놀라게 한 또 다른 가게는 경북 안동에 있었던 작은 중화요리집이었다. 메뉴는 단순하게 두 종류로 짜장면과 짬뽕이었다. 항상 오전 11시에 문을 열어 오후 1시까지, 두 시간만 영업을 했다. 오전 8, 9시부터 오픈을 기다리는 고객들이 줄을 섰다. 이 가게의 인기 비결은 무엇이었을까.

이 가게는 짜장면을 시키면 작은 그릇에 담긴 짬뽕을 서비스로, 짬뽕을 시키면 작은 그릇에 담긴 짜장면을 서비스로 제공한다. 본 메뉴가 나오기 전 에피타이저처럼 등장했고, 이를 다 먹을 무렵 본 메뉴가 나왔다.

나는 이 서비스가 참 놀라웠다. 중화요리집을 찾는 고객들의 고민을 너무나 잘 겨냥했기 때문이다. 중화요리집에서 사람들이 늘 하는 고민이 무엇인가. 짜장면을 먹을까, 짬뽕을 먹을까 하는 것이다.

이런 고민 때문에 짬짜면이라는 메뉴까지 탄생했지만 희한하게도 한 그릇에 5:5로 담긴 짜장면과 짬뽕을 먹는 건 맛이 없다. 그래서 2인 이상 함께 방문할 경우 너는 짜장면, 나는 짬뽕, 이런 식으로 메뉴를 나눠서 함께 먹는다. 그런데 이 가게에 오면 이런 고민 없이 자신이 좋아하는 메뉴를 주문하여 마음껏 즐길 수 있었다.

이 메뉴를 개발한 사장님에게 이유를 물어보았다. 사장님은 주력 메뉴가 짬뽕인데 짜장면이 늘 더 팔리는 걸 보고 짬뽕을 홍보하고자 서비스로 제공하게 되었다고 한다.

이 서비스 이후로 짜장면과 짬뽕 모두 잘 팔리고 있단다. 음식 인심이 후해서 서비스 메뉴 외에도 공기밥도 무료로 제공되었다. 메뉴가 단출한데도 고객들로 늘 붐볐고 사장님은 돈을 엄청나게 벌었다. 중식 메뉴를 즐기는 고객들의 특징에 맞는 절묘한 서비스로 대박을 터뜨린 셈이다.

이런 가게들을 보면서 무료 서비스가 얼마나 매출에 큰 기여를 하는지 실감할 수 있었다. 장사가 안 되더라도 서비스 전략을 잘 세우면 얼마든지 반전을 만들어낼 수 있다. 대학생, 대학원생으로 공부할 때 여러 식당에서 아르바이트를 하면서 이러한 서비스 전략으로 고객들 유치에 성공하였다.

아르바이트를 했던 곳 중에 음식 맛이 참 좋은데 장사가 안 되었던 칼국수집이 있었다. 고객이 너무 없어서 아르바이트비를 받을 수 있을지 걱정될 정도였다. 나는 사장님에게 전단지를 만들자고 졸랐다. 사장님은 손바닥만 한 가게인데 무슨 전단지를 돌리느냐면서 고개를 저었지만 떼를 쓰다시피 해서 간신히 허락을 받았다.

약도, 음식 사진, 연락처를 기본으로 포함시켰고, 한쪽 귀퉁이에

절취선을 넣고 '음료수, 공기밥 서비스'라고 새겼다. 이 전단지를 점심 무렵에 근처 종합병원 앞에서 돌렸다. 점심 때 인근 직장인, 병원 직원들이 쏟아져 나왔고 내가 나눠준 전단지를 보고 가게를 찾아왔다. 음식 맛이 좋았기에 고객들이 일단 찾아온 이상 마음을 사로잡을 자신이 있었다. 2개월이 지날 무렵 가게는 몰라보게 달라졌다. 점심 장사는 손님들이 줄을 설 정도로 인기를 얻게 되었다.

한산했던 가게가 고객들로 북적이는 가게로 변화할 수 있었던 건 단지 내가 전단지를 돌렸기 때문만이 아니다. 장사를 오래해 본 경험상 전단지의 효과가 어느 정도인지 잘 알고 있다. 전단지 2,000장을 돌리면 20명의 손님, 200장 돌리면 2명이 온다. 약 1% 정도에 불과하다. 그래서 전단지를 돌리는 것만으로는 고객을 끌기에 부족하다. 중요한 건 전단지가 어떤 내용이냐는 점이다.

길거리에서 전단지를 나눠주는 풍경을 한 번 살펴보자. 아무리 내밀어도 전단지를 받아 가는 행인들을 찾기 힘들다. 솔직히 말해, 전 세계에서 우리나라 국민들처럼 바쁘고 급한 성격을 가진 사람들이 어디 있을까. 사람들의 발걸음을 멈춰 세우려면 그만큼 쓸 만한 서비스를 제공해야 한다. 전단지를 받자마자 버린다면 그 안의 내용이 문제가 있다는 얘기다. 내게 이익이 되는 서비스가 들어 있는 전단지라면 휴지조각처럼 버릴 리 없다.

내가 만든 전단지에는 고객들이 좋아할 만한 서비스가 들어 있었다. '음료수/공기밥 서비스', '3인분 시키면 1인분이 공짜'와 같은 내용들이다. 주변 유동인구의 특징, 식당 주메뉴와의 조합을 고려해 서비스의 내용을 결정했다. 전단지에 이런 서비스를 넣었기에 고객들이 우리 가게에 찾아온 것이고, 음식 맛이 좋았기 때문에 고객들이 이후에도 지속적으로 방문할 수 있었다. 음식이라면 맛, 상품이라면 성능이라는 본연의 기능에 충실하고 여기에 서비스까지 곁들인다면 고객들은 지갑을 여는 데 주저하지 않는다.

서비스가 역삼각형 구조여야 하는 이유

"요즘 장사가 안 되다 보니까 할 수 있는 게 없네."

장사가 안 되어 힘들다고 하소연하는 가게들을 가보면 공통점이 있다. 기본 서비스를 줄인다는 점이다. 식당에서는 음식을 시켰을 때 기본적으로 제공되는 반찬의 양이나 가짓수를 줄인다. 상품을 파는 매장이라면 사은품이나 샘플 제공을 줄인다. 곧잘 출입하던 가게에서 이런 식으로 서비스가 변화하는 것을 누구나 경험했을 것 같다.

처음에 가게를 오픈하면 뭐든지 넉넉하게 준다. 기본 서비스에 개업선물이나 사은품까지 얹어서 풍족하게 고객들을 대접한다. 그러다가 소위 말하는 '개업빨'이 지나고(통상적으로 3개월이라고 함) 고객들의 발길이 줄어들면 서비스가 줄어들기 시작한다. 음식점의 경우, 기본 반찬이 비워졌는데도 리필해 주지 않는다. 서비스가 퇴화하는 셈이다.

　돈을 잘 벌지 못할 때 가게 사장님들의 손이 작아지는 건 어쩔 수 없다는 생각이 들기도 한다. 그런데 이렇게 바뀐다면 과연 고객들이 더 늘어날 수 있을까. 다 알다시피 절대 그렇지 않다.

　이런 변화는 불쾌감을 자극해 잘 오던 고객들의 발길까지 끊게 만든다. 노골적으로 서비스를 줄이는데 그걸 알면서도 그 가게에 충성을 다할 사람이 있을까. 고객들이 잘 오지 않아서 기본 서비스를 줄이면 고객들의 발길이 더 끊어지고 그러면 매출이 더 줄어드니까 서비스를 더 줄이게 된다. 서비스가 줄어들수록 고객들도 줄어든다. 이게 바로 악순환이다.

　기업들과 자영업자들은 본래 있던 기본 서비스를 없애거나 축소했을 때 고객들이 불편한 감정을 느낄 수 있다는 걸 기억해야 한다. 특히 요식업하는 사람들은 인색해지는 순간 끝난다. 한국인들은 대접받는 걸 좋아하는 본능을 가지고 있다.

　그래서 아무리 욕쟁이 할머니, 독특한 인테리어 등 온갖 콘셉트로 치장해도 서비스에 인색하면 장사가 잘 될 수 없다. 고객들은 서비스가 줄어드는 걸 예민하게 캐치하고 이 가게가 자신들에게 불친절해졌다고 인식한다. 그런 인식이 박히면 더 이상 그곳을 찾지 않는다.

　잘 되는 가게는 인색하지 않다. 고객 입장에서는 방문 횟수가 잦

아질수록 서비스가 좋아지는 게 상식이다. 그래서 나는 카페바를 운영할 때 무료 서비스의 단계를 정하였다. 장사가 잘 되고 안 되고에 따라 나도 모르게 인색해지지 않도록 고객들의 방문 정도에 따라 규칙을 만들었다.

카페바를 운영할 때, 첫 방문한 고객에게는 주문 메뉴에 쿠키를 하나 얹어서 드렸다. 2~3회 이상 방문했을 땐 쿠키에 캔디를 더 추가한다. 5회 이상 방문했을 때 '쿠키 + 캔디 + 초콜릿'을 서비스로 제공한다.

고객이 첫 방문해준 게 기분이 좋아서 '쿠키 + 캔디 + 초콜릿'을 주었다가 나중에 쿠키만 주어서는 안 된다. 무료 서비스는 무조건 많은 게 아니라 순차적이어야 한다는 게 포인트이다. 피라미드가 아니라 갈수록 커지는 역삼각형 서비스여야 한다.

어느 날 식당에 가서 식사 메뉴를 시켰는데 음료수가 공짜 서비스로 제공되면 기분이 좋다. 그러나 식사를 시켰을 때마다 공짜로 음료수를 제공받다가, 어느 날 갑자기 "음료수는 2천 원으로 별도 주문하셔야 한다"는 말을 들으면 당연히 기분이 나빠진다. 고객들의 이런 심리를 감안하여 무료 서비스를 기획할 때 방문 횟수, 즉 그 고객의 충성도에 따라 단계별로 서비스를 달리하고, 첫 방문이라고 무조건 다 퍼주는 방식은 지양해야 한다.

이런 조언을 하면 자영업자들 중에는 돈이 없는데 무슨 서비스냐고 얘기하기도 한다. 수십 개의 사업장에서 일해 본 내 입장에서 서비스는 자금의 문제가 아니라 관점의 차이라고 하고 싶다. 내가 아는 어떤 사장님들은 없는 살림에 대출을 받아서 가게를 운영하면서도 고객들에게 서비스를 아끼지 않았다. 처음엔 출혈로 보여도 결국 이런 사장님들의 마음을 알아주는 고객들이 늘어나면서 영업난에서 탈출할 수 있었다.

고객들이 원하는 서비스를 준비하기 위해 많은 비용을 준비하라는 말이 아니다. 음식점이라면 한 주걱보다 두 주걱을 퍼주는 것이고, 기업이라면 창고에 상품을 쌓아놓고 묵히기보다 일부를 홍보 용도로 사용하는 것이다. 이미 가진 자원을 조금 더 활용한다는 차원으로만 접근해도 서비스 문제를 해결할 수 있다.

기꺼이 무료 체험의 기회를 제공하라

꽤 오래된 이야기다. 책에서 봤는지 기사에서 봤는지 기억나진 않지만, 대도시 번화가의 지하철역 앞에서 땅콩을 볶아서 파는 할머니의 이야기를 접한 적이 있다. 할머니는 비가 오나 눈이 오나 저녁 6시만 되면 강남역에서 땅콩을 볶았다. 할머니가 땅콩을 볶기 시작하면 그 일대에는 고소한 냄새가 진동했다. 그 냄새는 퇴근하는 사람들의 발목을 붙잡았다. 사람들이 할머니의 가게로 다가오면 할머니는 사람들에게 한 움큼씩 공짜로 퍼주셨다.

"그냥 한 번 드셔 봐요. 나중에 많이 사주셔요."

할머니는 6개월간 같은 자리에서 공짜로 땅콩을 나눠주셨고, 사람들은 앞 다투어 땅콩을 받아갔다. 7개월쯤 되었을 때 할머니의 정식 장사가 시작되었다. 그동안 할머니에게 고마운 마음을 품고 있었던 이들은 즐거운 마음으로 땅콩을 구입하였다. 할머니의 가게는 문전성시를 이루었다.

무려 6개월간 무료 시식 서비스를 이어간 할머니의 전략은 두 가지 효과를 불러일으켰다. 첫째, 사람들이 고마운 마음을 느끼게 해서 재방문을 유도하였다. 사람들은 조건 없이 마음을 베풀어준 할머니에 대한 고마움을 잊지 않고 가게를 방문했고 땅콩을 많이 구입했다. 사람들은 때때로 불필요할 정도로 많은 양을 구입하면서도 돈이 아깝다고 느끼지 않았다. 그동안 무료로 많이 받은 만큼 나도 그 이상 사줘야 한다는 생각 때문이었다.

둘째, 할머니의 공짜 서비스는 사람들을 길들였다. 6개월이라는 제법 긴 기간 동안 사람들은 매일 고소한 냄새를 맡으면서 땅콩을 즐겼다. 냄새만 맡아도 입에 절로 군침이 나올 정도로 땅콩을 먹는 데 익숙해졌다. 그렇기에 공짜 서비스가 유료로 전환되었음에도 사람들은 퇴근 시간 땅콩을 먹던 습관에서 벗어날 수 없었다.

할머니의 전략은 많은 생각거리를 던져주었다. 갓 장사를 시작한 신생 가게가 충성고객을 만들기 위해 참 효과적인 방법을 선택했다는 생각이 들었다. 사업이나 장사를 하는 사람들의 목표는 돈을 많이 버는 것이고, 그러기 위해서는 고객의 마음을 사로잡아야 한다. 그러나 이제 막 사업 혹은 장사를 시작한 사장들 입장에서 내 상품을 모르는 사람의 마음을 사로잡는다는 건 하늘의 별을 따는 것처럼 요원한 일로 보인다. 무작정 광고를 때려댄다고 고객들이 몰려오지도 않는다. 어떻게 하면 고객들의 시선을 내 상품에게 향하게 할 수 있을까.

이때 가장 효과적인 게 무료 체험 행사이다. 상품이라면 무료 체험할 수 있도록 샘플을 만드는 것이고, 음식이라면 무료 시식일 것이다. 나는 고향인 경북 풍기 그리고 서울에서 오징어 버터구이 노점을 한 적이 있었는데, 두 번 모두 고객이 찾아올 때까지 기다리지 않았다. 오징어는 다른 노점 음식에 비해 원가가 싼 편은 아니었지만, 고객을 유치하려면 무료 시식이 필요하다고 생각했다.

그래서 오징어 다리를 작게 잘라 이쑤시개에 꽂아서 종이 소주잔에 담은 다음 지나가는 행인들에게 하나씩 나눠주었다. 버터구이 향이 무척 식욕을 자극하는 데다 시식까지 하니까 다들 안 사고는 못 배기겠다는 표정이었다. 덕분에 내가 투자한 밑천보다 열 배 넘는 돈을 벌 수 있었다.

그 상품이 무엇인지 모를 때는 고객들이 선뜻 지갑을 열 생각을 하지 못하기에 무료 체험 기회를 선사하는 게 필요하다. 무료 체험은 단지 시각만 아니라 미각, 후각 등 추가적인 감각을 자극하므로 고객이 강한 구매욕을 느낄 수 있다는 이점이 있다.

만약 무료 체험 기회를 제공하기 위해 당장 내가 써야 할 비용을 아까워하는 마음가짐이라면 차라리 사업/장사를 하지 않는 게 낫다고 말하고 싶다. 물고기를 잡으려 해도 실지렁이라는 미끼가 필요한데 하물며 사람의 마음을 사로잡는 일에 그 어떠한 투자가 없이 가능할까. 땅콩을 파셨던 할머니 역시 6개월 동안 과감한 투자를 아끼지 않았기에 인근 직장인들을 모조리 충성고객으로 만들 수 있었다.

그동안 기업이나 자영업자들을 상대로 강연의 기회가 있을 때마다 효과적인 무료 체험 서비스에 대한 경험과 목격담을 풀면서, 사업/장사를 하자면 넉넉하고 후한 마음이 필수라고 주장해왔다. 그러나 내 이야기를 들은 이들 중 얼마나 많은 분들이 이를 실천했는지는 잘 모르겠다.

사람들은 성공하고 싶고 돈을 많이 벌고 싶다고 말하며, 그 방법을 알기 위해 강연, TV, 책 등 여러 루트로 탐색한다. 하지만 그 원리는 생각보다 단순하다. 사실 우리가 모르는 성공의 원리가 존재할까. 성공 원리는 뻔하고 너무나 잘 알려져 있다. 우리는 원리를 몰라서가 아니라 실천하지 않은 것일 뿐이다. 그게 우리가 아직까지 성공전 단계에 머물고 있는 이유이다.

기업/자영업자들은 고객들을 향해 '퍼주는' 마음을 가져야 한다. 뿌리기도 전에 거둘 궁리부터 하지 말고 일단 뿌리겠다는 마음이 우선이다. 6개월 공짜 서비스 전략이 나중에 6년, 10년을 버티게 해줄 힘이 될 수 있다. 이쯤 되면 서비스는 공짜가 아니라 투자이다. 언젠가 내가 거둘 수 있으며, 원금 이상을 뽑아낼 수 있다. 우리 상품 혹은 음식이 잘 팔리지 않는다고 고민하는 기업/자영업자들은 '서비스가 곧 투자'라는 관점의 변화가 필요하다.

02

공짜를 공짜로 받았는데
고마울까

"정말 그냥 주시는 거라고요?"

역시나, 오늘도 예상은 적중했다.

얼음 위에 앙증맞게 장식된 초콜릿을 내려다보는 여성고객의 눈이 동그래졌다. 이게 진짜로 공짜라는 걸 믿을 수 없다는 의문스러운 표정이 걷히고 서서히 웃음이 번져갔다. 그 옆 일행의 표정도 마찬가지였다.

"사실 이 메뉴는 저희 가게에서 15,000원에 와인 안주로 판매되고 있는데요. 저희 카페바를 자주 찾아주시고, 오늘 기분이 좋아 보이셔서 저도 행복감을 더해 드리고 싶은 마음에 서비스로 드리는 것입니다."

고객들은 작은 환호성을 부르며 박수를 쳤다. 나는 마치 무대 위에서 팬들의 환호를 받는 스타처럼 잔뜩 폼을 잡고 인사한 다음 뒷걸음으로 물러나왔다. 우스꽝스러운 인사에 고객들은 다시 한 번 웃음을 터뜨렸다. 고객들의 웃음을 들으며 내 기분도 덩달아 유쾌해졌다. 오늘의 공짜 서비스도 여지없이 성공을 거두었다.

기업들과 자영입자들, 1인기업가들의 최우선 관심사는 충성고객 확보이다. 언제나 이를 잘 해내기 위해 골몰하고, 꽤 많은 돈을 들여 홍보 마케팅을 펼친다. 그런데 고비용이 들어가는 홍보 마케팅은 많은 자본을 가진 큰 기업이나 부유한 자영업자들이나 가능하다. 나처럼 오늘 벌어서 내일 장사할 돈을 마련해야 할 정도로 작은 주머니를 가진 이들에게는 불가능하다. 그래서 '적은 돈으로 어떻게 고객을 만족시킬 서비스를 제공할 수 있을까'는 내가 대학생 때 잉어빵 노점을 시작하면서부터 품어온 오랜 주제이다.

내가 찾은 방법은 서비스 제작 비용을 낮추되 정성을 최대한으로 표현하는 것이었다. 카페바를 할 때 만들었던 얼음 초콜릿이라는 메뉴를 예로 들자면, 이 메뉴를 만드는 데 2천 원도 채 들지 않는다. 무료 서비스를 만들 때 신경 써야 할 것은 무료인 만큼 제작 단가를 높게 잡아서는 안 된다는 것, 그리고 만들기가 쉬워야 한다는 점이다.

얼음 초콜릿을 만드는 방법은 크게 어렵지 않다. 접시에 각 얼음을 여러 개 올려놓고 단정하게 랩을 씌운다. 그런 다음 그 위에 미니 셸, 가나 초콜릿 조각, 하트 초콜릿 등을 나눠서 예쁘게 올리면 완성이다. 초콜릿을 단순히 접시에 담는 것보다 훨씬 보기에 좋고, 얼음 덕분에 초콜릿이 쉬이 녹지 않는 것도 장점이다. 저렴한 원가에 정성을 얹으니 근사한 비주얼의 서비스 메뉴가 탄생하였다.

그렇다면 왜 나는 저렴한 원가의 메뉴에 무려 15,000원이라는 '무시무시한 가격'을 붙인 것일까. 얼음 초콜릿을 메뉴판에 넣을 때 와인, 햄치즈, 양주, 얼음 초콜릿, 이런 순으로 비싼 메뉴들 사이에 끼워 넣었다. 와인, 양주 사이에 이 메뉴를 삽입한 것은 가격이 합리적이라고 느끼게 하기 위해서이다. 대체적으로 와인과 양주의 안주는 모듬포나 노가리, 골뱅이 같은 호프 안주에 비해 비싼 편이다.

이렇게까지 머리를 쓴 이유는 내가 고객들에게 엄청난 바가지를 씌워 돈을 벌겠다는 탐욕 덩어리여서가 아니다. 이유는 단 하나, 고객을 행복하게 해주기 위해서이다. 누가 봐도 보잘것없어 보이는 상품을 공짜로 받아봐야 무슨 고마움이 있겠는가.

게다가 지금은 20, 30년 전처럼 물자가 부족했던 시절이 아니다. 주위를 둘러보라. 질 좋고 저렴한 가격의 상품이 마트와 쇼핑센터를 가득 채우고 있다. 이런 세상이기에 충분히 돈을 주고 살 만한 가치와 품격을 갖춘 상품을 공짜로 받을 때 고객의 기쁨이 배가된다. 즉, 얼음 초콜릿에 15,000원이란 높은 가격을 책정한 건 고객의 행복감을 위한 일종의 페이크(Fake)인 셈이다. 때문에 사실 이 메뉴를 돈 주고 팔아본 적은 한 번도 없다.

많은 기업, 가게들이 고객 만족을 위해 공짜 서비스를 제공한다. 고객 입장에서 퍽 반가운 일이다. 이때 반드시 기억해야 할 것은 그 서비스가 고객이 행복하고 만족스러운 수준이어야 한다는 점이다. 한 발 더 나아가 고객에게 정중히 대접받는다는 느낌을 준다면 금상첨화이다. 당신이 우리 상품을 샀으면 좋겠으니까 마지못해 '옛다~ 이거 가져라' 하는 식으로 제공하는 공짜 서비스는 아무 의미가 없다.

기업/가게로부터 훌륭한 서비스를 대가 없이 제공받으면 고객은 머리를 숙인다. 진심을 받았다고 생각하기에 자신의 진심 역시 표현하는 셈이다. 기업은 고객을 확보하고픈 욕망으로 서비스를 제공하는 것임에도 고객으로부터 진심 어린 애정을 받을 수 있다.

공짜 서비스 덕분에 고객들이 몰려온다

2004년 여름 오비맥주는 1.6리터짜리 카스 큐팩 300박스(1천800개)를 걸고 '평~생 마실 카스 큐팩을 드립니다'라는 제목으로 경품행사를 벌였다. 카스 큐팩을 마시는 파티 사진을 찍어서 회사 홈페이지에 업로드하면 최우수상 1명을 뽑아 하루 1잔씩 40년간 마실 맥주를 준다는 것이다. 당첨자는 여성 2명. 이벤트 기간 내내 오비맥주는 사람들의 입에 오르내리고 언론을 장식하면서 홍보 효과를 누렸다.

롯데백화점의 아파트 경품은 지금까지 존재했던 거대 기업들의 이벤트 중에서 최고가격에 손꼽는다. 창립 초기 5천 원 이상 구매고 객에게 50원짜리 롯데껌 한 통, 1만 원 이상 구매고객에게 1백 원 롯데 소시지를 선물했던 것에 비하면 엄청난 발전이다. 롯데백화점 측이 과거 고객들에게 제공했던 서비스 상품을 보면 껌, 소시지, 쟁반, 커피잔 세트, 공기 세트 등 일상생활에서 유용하게 사용되는 먹거리 혹은 상품들이다.

아파트 경품 이벤트는 1998년도에 처음 열렸는데, 98만 명이 몰릴 정도로 엄청난 인기를 끌었다. 당시 IMF 사태로 깊은 경기 침체가 계속되고 있었기에 여러 기업들이 고객 유치를 위해 사활을 걸고 있었다. 롯데백화점은 이후에도 몇 차례 아파트 경품 행사를 진행하였고 2009년의 경우 무려 280만 명이 응모했다고 한다. 누구나 좋아할 만한 서비스를 제공하는 이벤트는 고객들에게 좋은 인상을 남겨서 종료 후에도 해당 기업의 이미지를 개선시켜주고 상품 판매를 지속적으로 촉진할 수 있다.

2017년 봄, 스포츠 브랜드 휠라는 중고등학교 학생들을 대상으로 '코트디럭스 우리반 [찍었]S 콘테스트'를 진행하였다. 약 45일의 기간 동안 중고등학교 반 친구들과 선생님이 함께 모여 반을 대표하는 사진을 찍고 재치 있는 제목을 달아서 업로드하면 8학급을 선정(베스트 학급상)해 학급 전원에게 신상품 운동화를 주고, 2학급(비하인드 메이킹상)에게는 신발과 티셔츠, 그리고 8개 학급 중

최고 컷 1학급(베스트 오브 베스트상)을 선정해 1천만 원 상당의 체육시설과 용품을 증정하겠다는 이벤트를 기획하였다. 적잖은 비용의 이벤트를 기획한 휠라의 목적은 코트디럭스 신상품을 주력 고객인 중고등학생들에게 홍보하고자 하는 것이었다.

이 이벤트는 학생들 사이에서 큰 관심을 끌면서 수백 개의 학급들이 응모하였다. 휠라는 당초 계획대로 진행하려다가 생각을 바꿔서 이벤트에 응모한 학급 전원에게 신상 운동화를 제공하겠다는 파격적인 결정을 내렸다.

이 소식에 응모했던 학생들은 열광했고 코트디럭스 운동화의 매출이 큰 폭으로 상승했다. 신상품을 조건 없이 서비스로 제공하자 고객들이 감동하고, 결과적으로 더 많은 고객을 불러모았다. 만약 휠라가 중고등학생인 고객 입장에서 그다지 탐나지 않는 서비스를 제공했다면 애초부터 관심을 끌지 못했을 것이다. 신상을 과감하게 공짜로 제공한 휠라의 이벤트는 어떻게 돈을 써야 홍보와 매출 상승효과를 톡톡히 누릴 수 있는지를 잘 보여 준다.

눈치코치 없으면 돈 쓰고도 욕먹는다

여기까지 본 독자들은 공짜 서비스가 만능이라고 생각할지도 모르겠다. 고객들에게 품질 좋은 서비스를 무료로 제공하면 무조건 만족감을 줄 거라고 말이다.

결론부터 말하자면 절대 그렇지 않다. 가치와 품격이 있는 서비스를 준비했더라도 신경을 써야 할 것이 있다. 다름 아닌 고객의 성향과 분위기이다. 내가 제공하고자 하는 서비스가 고객의 성향, 취향에 잘 맞는가. 그리고 과연 그걸 주고받아도 되는 분위기인가. 이 두 가지를 고려해야 한다.

이를 쉽게 이해할 수 있는 아주 적절한 장면이 하나 있다. 많은 이들의 사랑을 받았던 tvN 드라마 〈응답하라 1994〉에서 정우('쓰레기'라는 별명으로 불림)와 성나정은 2년째 예쁘게 사귀는 중이었다. 정우는 생일을 맞은 나정이를 위해 정성스럽게 선물을 준비했다. 나정이는 로맨틱한 분위기 속에서 정우가 예쁜 반지를 끼워주길 기대했지만 정우가 선물한 건 운동기구였다. 허리를 강화할 수 있는 운동기구, 일명 '거꾸리'라고 불리는 것이었다. 예쁜 리본까지 달아서. 나정이가 평소 허리가 좋지 않다는 걸 걱정해서 준비한 선물이었다.

자, 어떤가. 객관적으로 본다면 이 선물은 무척 가치와 품격이 있다. 상대를 소중히 여기고 허리가 아프다는 걸 염려하는 마음이 다 들어 있다. 게다가 가격 역시 저렴하지 않다. 그런데 이 선물이 상대방인 나정이를 만족시켰을까. 그렇지 않다. 나정이는 어이없어하며 실망감을 감추지 못했다. 가치와 품격이 있더라도 그걸 받을 상대방이 기대하는 것, 선물이 제공될 자리의 분위기 등을 고려한다면 정우는 다른 선택을 했어야 한다.

내 비장의 무기인 얼음 초콜릿도 마찬가지이다. 제아무리 정성껏 준비했다 해도 그 자리에 맞지 않으면 아무 의미가 없다. 얼음 초콜릿을 제공한 테이블은 화기애애하게 이야기를 나누면서 웃음이 종종 터지는 등 분위기가 좋았다. 그럴 때 서비스 메뉴를 들고 가서 메뉴 소개와 함께 위트 있는 몇 마디를 더하면 웃음이 터져 나온다. 술을 마시고 있는 경우 "제가 한 잔 따라드릴까요? 저도 한잔 따라주세요."라고 말하면서 그 자리에 끼어 앉아도 거부감 없이 백퍼센트 환영받는다. 이렇게 합석하여 자연스럽게 대화를 나누면서 고객 정보를 취득한다.

얼음 초콜릿은 이럴 때 사용하기 적합한 서비스 메뉴이지, 기분이 착 가라앉은 테이블엔 적절하지 않다. 만약 연인과의 실연에 우울해하는 사람을 친구가 위로하고 있을 때 내가 얼음 초콜릿을 들고 활짝 미소를 띄우고 다가간다고 해서 그들을 즐겁게 할 수 있을까. 나라도 그런 접근은 싫을 것이다. 역효과가 나지 않으면 다행이다.

그래서 차분한 분위기의 고객들을 위해 별도로 서비스를 준비하였다. 고급스러운 종이에 예쁜 디자인으로 제작한 허브티 무료 쿠폰으로, 라벤더·캐모마일·페퍼민트 등 차 이름을 새겼다. 내 경험상 내성적이고 말수가 적은 고객들은 홀로 사색하길 즐기기에 향긋한 차 쿠폰 서비스를 선호한다. 이들에게 쿠폰을 전달할 때도 분위기를 잘 살펴서 조심스럽게 다가갔다.

"오늘 날씨가 참 스산하네요. 혹시 나중에 생각나시면 따뜻한 차 한 잔 하러 오세요."

고객들에게 무료 쿠폰을 제공하면서 차츰 안면을 익혀나갔고, 상대가 나를 어색해하지 않도록 한두 마디씩 대화를 늘려갔다. 기분을 배려해 주는 내 태도에 고객들은 천천히 마음의 문을 열어주었고, 가게를 찾아오는 횟수도 늘어갔다. 만약 이분들에게 얼음 초콜릿이나 양주를 들고 다가가 시끌벅적한 분위기를 연출했다면 거부당했을 것이다. 이처럼 훌륭한 서비스에 상대방의 입장을 고려하는 태도가 더해졌을 때 서비스 효과가 제대로 발휘될 수 있다는 점을 기억해야 한다.

친분이 있는 후배를 모임 자리에서 오랜만에 만났다. 그는 제약회사에 취업했다며 반가운 소식을 전해왔다. 대화를 나누던 중 후배의 말을 듣고 깜짝 놀랐는데, 신입사원으로서 거래처에 좋은 인상을 주기 위해 첫 방문할 때마다 작은 꽃다발을 가지고 갔다고 자랑 비슷하게 얘기했다. 나도 모르게 손사래를 치면서 선물 품목을 당장 바꾸라는 말이 튀어나왔다. 놀란 이유는 그의 거래처가 모두 병의원이기 때문이다. 병의원에는 말 그대로 여러 환자들이 출입하고 알레르기가 있는 이들도 있기에 꽃을 들고 방문해서는 안 된다. 후배는 어쩐지 안내 데스크의 직원들 표정이 이상했다면서 다른 선물을 찾아보겠다고 말했다. 꽃을 싫어하는 사람이 없다지만 거래처가 병의원이라는 중요한 특징을 놓쳤기에 저지른 실수였다.

친구로부터 이런 이야기를 들은 적이 있다. 친한 후배와 크게 싸우고 거의 절연까지 할 뻔했던 일이었다. 친구는 아버지가 암 투병 중이어서 후배를 만난 자리에서 속상한 마음을 토로하였는데, 후배가 자신이 판매 중인 상품을 소개하면서 "이 상품을 먹고 암이 완쾌된 사람이 많다"면서 구입을 권유했다. 그러면서 "지금 행사 기간이라서 기본 3개월에 3개월을 더 결제하면 1개월분이 서비스로 제공된다"는 말까지 덧붙였다고 한다. 후배는 어느 네트워크 회사 상품을 판매하는 사업자였다.

그가 어딜 가든 상품 판매를 하려고 기를 쓴다는 소문이 파다했기에 알고 있었지만, 아버지의 병환에 비통해하는 자신에게조차 상품을 팔려고 열을 올리는 걸 보고 화가 치밀었다고 했다. 웬만하면 화를 내지 않는 성격임에도 어지간히 기분이 상했던 것 같다. 후배가 자기 생각에만 빠져서 상대방의 입장과 상황을 전혀 생각하지 못했기에 저지른 실수라는 생각이 들었다.

선물과 무료 서비스는 본질적으로 사람들을 행복하게 해준다. 그러나 공짜라고 해서, 예상치 못했다고 해서 받는 이가 무조건 기분이 좋을 거라는 생각은 위험하다. 내가 그 당사자일 때 받고 싶을 정도의 선물일 때 상대방이 만족할 수 있다. 마찬가지로 서비스 역시 내가 고객일 때 받고 싶은 걸 제공해야 한다. 어쩔 수 없이 마지못해 구색 맞추는 식이 아니라 진심 어린 정성과 마음을 담는 서비스여야 하고, 이를 고객의 취향과 분위기에 맞게 제공해야 우리 사업장을 튼튼히 키워 주는 충성고객들을 구름처럼 불러 모을 수 있다.

03

말하지 않아도 알아야지,
초코파이가 아니어도

뛰어난 세일즈맨의 비결, "내 안에 너 있다"

수년간 친하게 지낸 재무설계사가 있다. 친구 소개로 만났는데 소속 지역 전체에서 영업 1위를 하는 보험왕이었다. 당시에 이미 여러 개의 보험에 가입하여 추가로 가입할 상황이 아니었는데도 그는 전혀 개의치 않고 내 고민을 경청하고 해결해 주려고 애썼다. 매사 최선을 다하는 모습에 감동을 받아 가끔 만나서 밥도 먹고 사는 이야기를 나눈다.

믿을 만한 사람이라는 생각에 주변에서 보험 가입을 원하는 사람들이 있으면 그에게 소개시켜 주었다. 덕분에 그가 고객들을 어떻게 대하는지를 자연스럽게 지켜볼 기회를 얻게 되었다. 사람의 마음을 사로잡는 노하우에 관심이 많은 내 입장에서는 살아 있는 교과서인 셈이다.

그의 행동 특징을 한마디로 요약한다면 고객의 마음을 잘 들여다 본다는 점이다. 첫 만남 때부터 그는 보험 가입 자체보다는 고객이 당장 궁금해하거나 필요로 하는 이슈들을 문의하고 해답을 찾아주려 고 노력하였다. 보험 가입 시에는 철저하게 고객 입장에서 계약을 설계하였고, 회사가 아닌 고객의 이익을 위해서 필요한 것과 불필요한 것을 걸러냈다. 기본 계약과 특약, 보험 약관 등 계약과 관련된 모든 내용을 고객이 이해할 때까지 상세한 설명을 아끼지 않음으로써 고객이 스스로 판단할 수 있도록 도와주었다.

이러한 그의 모습을 볼 때마다 어느 드라마의 명대사가 생각난다. 2000년대 초인가 많은 여성들의 가슴을 설레게 했던 드라마 〈파리의 연인〉에서 주인공 강태영(김정은 분)을 짝사랑하는 윤수혁(이동건 분)이 했던 대사이다.

"내 안에 너 있다."

뛰어난 성과를 거두는 세일즈맨들의 비밀은 이런 게 아닐까. 그들의 가슴속엔 하나같이 고객들이 곱게 들어앉아 있다. 고객이 어떤 생각을 하는지, 무엇을 원하는지, 그쪽에 온통 관심이 쏠려 있다. 뛰어난 성과는 고객과 세일즈맨과의 일체감에서 나오는 경우가 많다.

잘나가는 음식점들, 즉 대박 가게들도 마찬가지이다. 고객들의 마음을 섬세하게 살피고 고객이 말하기 전에 선제적으로 대응한다. 직원들이 수시로 테이블 사이를 살피면서 기본 반찬 그릇이 비어 있으면 바로바로 리필해 준다. 고객들이 말하기 전에 먼저 반응하고 대처한다. 직원들이 자주 다니니까 뭔가를 주문하고픈 고객들은 빨리 말할 수 있다. 너무 편하지 않을까. '성공 vs. 실패'라는 거대한 승부수는 실상 이런 사소한 것에서 난다.

홀에서 고객이 "저기요~"하면서 손을 드는 건 뭔가 불편하거나 필요한 것이 있을 때이다. 불만족스러운 상태이므로 여기에 빠르게 대응해야 고객의 만족감이 높아진다. 그런데도 많은 가게들에서 고객이 손을 들고 여러 번 불러도 직원이 찾아가지 않는 경우가 종종 발생한다. 심지어 어떤 곳에서는 여러 명의 고객이 불렀는데 대응 순서를 어기는 경우도 있다. 예를 들어 7번 테이블에서 콜이 오고, 다음으로 1번 테이블과 3번 테이블 순서로 콜이 왔는데, 직원이 7번을 기다리게 하고 위치가 가까운 1, 3을 먼저 해결한다.

이는 직원들이 고객의 마음보다 자신이 일하는 편의를 더 우선시하기 때문이다. 이런 가게가 고객에게 만족감을 줄 수 있을까. 먼저 응대를 받은 1, 3번 테이블은 7번의 눈치가 보일 것이고, 7번 테이블은 불쾌할 것이다. 해피한 사람은 아무도 없다. 직원 외에는.

가게를 운영하면서 고객들이 부르기 전에 먼저 움직이려고 많이 노력하였다. 몸은 카운터에 있어도 눈동자와 마음은 고객들이 앉아 있는 테이블 사이를 누비고 다녔다. 뭔가 고객으로부터 낌새가 느껴지면 먼저 달려갔다. 훌륭한 서비스는 고객이 말하기 전에 그 마음을 눈치 채서 대응하는 것이다. 말하지 않아도 알아야 하는 건, 초코파이뿐만이 아니다.

원숭이는 왜 다른 원숭이를 따라 할까

Monkey see, monkey do. (원숭이가 보고 그대로 따라 한다.)

이런 문장이 있다. '타인이 하는 걸 별 뜻 없이 따라 한다.' '보는 대로 모방한다'는 의미로 사용된다. 서비스 품질 분야의 세계적 권위자인 미국 마이애미 주립대학교 파라슈라만(A. Parasuraman) 경영학 석좌교수는 과거 우리나라 언론과의 인터뷰에서 이 문장을 인용하면서 한 기업이 다른 기업을 따라 하는 현상에 대해 설명하였다.

고객들이 서비스에 만족하지 못하는 이유는 기업 내부적으로 정보 격차가 크기 때문이고, 이로 인해 기업과 고객들의 생각 차이가 크게 벌어진다. 기업은 고객의 생각을 읽어서 그에 맞는 서비스를 만들어내지 않고 경쟁사의 서비스를 따라 함으로써 경쟁에서 우위를 점하려고 한다. 마치 원숭이가 다른 원숭이를 따라 하는 것처럼 왜 그래야 하는지도 모른 채 다른 기업을 모방한다.

나는 이분의 기사를 어느 신문에서 읽고 무릎을 쳤다. 동의하지 않을 수 없는 말이다. 우리가 하루에도 숱하게 이용하는 상품들과 서비스를 생각해 봐도 그렇다. 그들 각각이 어떤 개성을 갖고 있는지 찾을 수 있을까. 아마 쉽지 않을 듯싶다. A가 B를 따라 하고 B가 C를 따라 하고 C가 A를 따라 하면서 대부분의 상품/서비스가 비슷해졌기 때문이다.

원숭이가 원숭이를 보고 흉내를 낸다면 현재 상태를 극복한 변화와 발전을 이룩할 수 있을까. 지금 있는 그대로 살 수밖에 없다. 영화 〈혹성탈출〉처럼 인간의 능력을 뛰어넘는 발전 따위는 불가능하다.

물론 여기서 원숭이를 비판하자는 얘기는 아니다. 당연히 원숭이는 그래도 된다. 하지만 기업이나 자영업자는 그래서는 안 된다. 생존이 절체절명의 과제인 만큼 모방이라도 해서 무의식적인 압박과 불안감을 잠재우고 싶은 것인지도 모른다. 그러나 묻지도 따지지도 않는 모방으로 어떻게 차별화를 이뤄내고 고객의 마음을 사로잡을 수 있을까. 고객의 마음에 부합하지 않는 서비스라면 아무리 퍼준들 의미가 없다. 쇼핑하면서 쓸데없는 물품을 사은품 명목으로 잔뜩 받아봐야 집에 돌아와서 분리수거하느라 더 짜증이 날 뿐이다.

경쟁업체를 바라보는 불안한 시선을 거두고 고객의 마음을 향해야 한다. 내가 제공하고자 하는 서비스가 과연 고객의 필요와 욕구에 잘 부합하는지를 살펴봐야 한다. 답은 경쟁사가 아닌 고객이 가지고 있다.

서비스와 고객만족 원리를 공부하는 이들에게, 리츠칼튼 호텔의 사례는 매우 훌륭한 교본이다. 리츠칼튼 호텔에서 일하는 어떤 직원들이든 고객과 마주치면 무조건 인사를 하면서 이렇게 묻는다.

"무엇을 도와드릴까요?"

모든 직원이 고객의 모든 일에 자신이 담당자라는 마음으로 일한다. 덕분에 리츠칼튼 호텔의 고객들은 낯선 공간에서 담당자를 찾느라 헤매는 수고를 할 필요가 없다. 불편감을 호소하는 고객이 있을 때 "그건 제 담당이 아니니 ○○○을 찾으세요"라거나 "담당자를 연결하겠습니다"라고 말하는 직원들이 없다. "제가 방법을 찾아드리겠습니다", "죄송합니다. 지금 즉시 불편함을 푸실 수 있도록 조치하겠습니다"라고 말한다. 이런 정신 덕분에 리츠칼튼 호텔은 오랫동안 최상급 호텔이라는 자리를 굳건히 지키고 있다.

고객의 마음을 사로잡는 서비스는 어떤 고급 기술이 필요한 게 아니다. 고객이 말하기 전에 먼저 마음을 들여다볼 수 있는 부지런함 그리고 따뜻한 배려심에서 탄생한다. 이런 마음만 있다면 얼마든지 아이디어가 샘솟을 것이다. 차별화된 서비스 아이디어가 넘치게 되면 경쟁업체를 맹목적으로 따라 할 필요도 없어지게 된다.

04

기습적인 이벤트엔
장사 없다

잉어빵을 씹다가 발견한 '이물질'

음식을 씹는데, 뭔가 이상하다. 딱딱한 물질이 입속에서 느껴진다. 여성은 당황하여 입속의 이물질을 빼낸다. 손가락이 잡아낸 것은 바로 반짝이는 반지. 여성은 감동적인 표정으로 앞의 남성을 바라보고 남성은 빙그레 웃으면서 여성의 손을 지그시 잡는다.

드라마에서 많이 본 프로포즈 장면이다. 요리나 와인 등에 반지를 넣는 것은 프로포즈 교과서에서는 고전이나 다름없는 방법이다. 요즘에는 한물갔다고 하지만 과거 많은 이들의 가슴을 설레게 했었다. 사랑하는 이에게 특별한 이벤트를 선물받는다면 정말 행복할 것 같다.

이벤트의 매력은 그런 것이 아닐까. 상대방이 나를 생각해 주는 마음을 특별한 정성과 함께 받는 것이기에 행복감이 배가된다. 늘 그저 그렇게, 평범하게 느껴지던 일상이 이벤트 하나로 갑작스레 반짝반짝 빛날 수 있다. 대학교 후문에서 잉어빵을 팔 때 기발한 이벤트로 이름을 날렸던 적이 있었다.

학교 주변으로 초·중·고등학교, 전문대학이 있어서 대학생들 외에 어린이와 청소년 손님들도 많았다. 그중 자주 오는 남녀 고등학생 커플이 있었다. 늘 사이좋게 붙어 다녔는데 어느 날 남학생 혼자 찾아왔다. 왜 혼자냐고 물으니 싸웠다는 답이 돌아왔다. 풀이 죽어서 혼자 잉어빵을 먹는 모습이 딱해 보였다.

"화해해야지. 어떻게 할 생각이야?"

"잘 모르겠어요."

잠깐 고민하다가 불쑥 아이디어가 떠올랐다. 남학생에게 작은 종이에 사과 편지를 써오면 좋은 방법을 알려주겠다고 했다. 남학생은 부리나케 포스트잇에 편지를 써서 가져왔다. 그걸 작게 접어서 은박지에 쌌고 잉어빵 반죽 안에 넣어서 구웠다. 사과 편지를 품은 잉어빵을 학생에게 건네주면서 여자친구에게 전해주고 화해를 잘 해 보라고 권했다.

2, 3일쯤 지났을까. 두 사람은 다시금 함께 노점을 찾아왔고 여학

생은 남자친구의 이벤트 덕분에 무척 기분이 좋았다는 소감을 전해 주었다. 두 학생은 여기저기에 내가 했던 일을 소문냈고 더 많은 학생들이 노점을 찾아왔다. 반지, 프로포즈 편지 등 잉어빵에 넣을 정도의 크기인 물건들을 가지고 말이다.

어느 날은 손님 부탁대로 초콜릿을 잉어빵 반죽에 넣어보았는데 생각보다 맛있었다. 여기에 아이디어를 얻어서 슈크림이나 생크림을 넣어서 잉어빵을 만들었다. 반응은 폭발적이었다. 여러 방송사에서 찾아와 내 사연과 잉어빵 이야기가 전파를 탔다. 전직 축구선수가 학비를 벌기 위해 잉어빵 노점을 하고 그것으로도 모자라 온갖 자격증을 따서 하루에도 5~6개의 직업을 소화하는 모습은 세간의 화제가 되었다.

우리 노점에 물건을 공급해 주는 지역 공급사 사장님으로부터 연락을 받았다. 잉어빵 본사에서도 내 방송을 보았고 내가 만든 다양한 잉어빵을 다른 지점에서도 팔자는 것이었다. 그래서 피자 잉어빵, 슈크림 잉어빵이 탄생하였다. 그전까지 동네 주민들, 학생들을 상대로 장사했는데 소문이 나서 타 지역에서도 사람들이 엄청나게 찾아왔다. 장사가 너무 잘 됐다. 학생 손님의 사정이 안타까워 돕고자 했던 이벤트 아이디어가 내 노점에 대박을 터뜨려 준 셈이다. 이 경험은 고객들을 즐겁게 하는 이벤트가 얼마나 중요한지 각인할 수 있는 계기가 되었다.

재미있는 일을 바라는 고객들의 욕구에 답하기

잉어빵을 팔면서 어묵 판매도 병행했는데 어묵이 잘 팔리는 계절엔
이벤트를 준비했다. 당시 어묵은 봄/가을에는 100~200개 정도, 여
름에는 20~30개 정도 판매되었다. 어묵 100개를 꼬치에 끼울 때 1,
2개에는 식용 락카로 그 끝을 붉게 칠했다. 손님들은 전혀 알지 못한
상태에서 어묵을 뽑아서 먹다가 끝이 붉은 꼬치를 발견하면 내게 물
었다.

"아, 손님. 축하드립니다! 빨간색 꼬치를 뽑으신 손님께는 잉어빵
30마리가 서비스입니다."

한 손님의 행운에 다른 손님들도 함께 환호성을 질렀다. 그러면서
자신들도 행운의 주인공이 되길 기대하는 마음으로 어묵을 뽑아먹기
시작했다.

어묵 이벤트의 아이디어는 〈총각네 야채가게〉란 책에서 착안한
것이다. 이영석 대표는 처음 트럭으로 행상을 할 때 손님들의 이목을
끌기 위해 고심했다고 한다. 아무래도 행상은 노점과 마찬가지로 건
물 안에서 정식으로 매장을 갖춘 곳들을 이기기가 쉽지 않다. 그는
즐겁고 흥미로운 이벤트를 만든다면 손님들이 자신의 트럭으로 와줄
것이라 생각하고 고민 끝에 원숭이를 생각해냈다. 원숭이를 사들여
바나나를 팔 때 데리고 다녔다.

300만 원 정도 되는 거금을 투자하면서 실패하면 어떨까 두려운

마음이 있었을 것이다. 다행히 결과는 성공적이었다. 야채를 사기 위해 이 대표의 트럭에 온 손님들은 자기 아이들이 바나나를 먹는 원숭이를 보면서 성화를 해대는 통에 바나나를 사지 않을 수 없었다.

학생 때 이런 식당에 간 적이 있었다. 친구들과 돈을 모아서 오랜만에 고깃집에 갔다. 근데 직원 한 사람이 예쁜 선물 박스를 가져와서 우리에게 건네면서 "서비스입니다"라고 하는 것이었다. 호기심을 잔뜩 안고 열어보았는데 상추와 깻잎이 들어 있는 게 아닌가. 웃음이 터졌다. 우리 테이블 외에 다른 테이블에서도 반응이 좋았다. 고깃집에서는 으레 야채를 리필해 주는데, 이런 평범한 행위에 이벤트를 더해서 손님들을 즐겁게 해줄 생각을 했다는 게 놀라웠다.

이벤트를 잘 기획하면 손님들에게 행복감을 안겨줄 뿐 아니라 구매를 촉진할 수 있다. 당시 기숙사 총학생회장, 방과 후 교사, 학교 연구실 보조, 수영장 요원, 목욕탕 청소, 주말 축구 레슨 등 여섯 가지의 아르바이트를 병행했다. 그런데 잉어빵과 어묵을 팔면서 여러 가지 이벤트를 진행한 덕분에 그 어떤 아르바이트 급여보다 노점으로 번 돈이 훨씬 많았다.

사람들은 매일 집을 떠나 바깥세상으로 나간다. 그러면서 '오늘 뭐 재미있는 일 없나' 하는 마음을 갖는다. 기업/가게는 이런 사람들의 심리를 겨냥할 수 있어야 한다. 오늘부터 우리 가게 메뉴, 상품에 어울리는 이벤트를 고민하고 기획해 보자. 참신한 아이디어만 있으면 되지, 많은 돈이 필요하지 않다. 웃을수록 복이 오는 것처럼, 고객이 이벤트에 즐거워할수록 우리 사업장은 대박이 터질 것이다.

"담배를 피우시겠다면 날개 위 스카이라운지로 올라가세요"

당신이 승무원이라고 가정해 보자. 승객들이 모두 탑승했고 이륙해서 운항 중인데 한 승객이 다가와 말을 건다.

"담배를 피우고 싶은데요."

만약 나라면 쓸데없는 소리 말고 자리로 돌아가라고 하면서 법적으로 기내 흡연은 금지라고 힘주어 말한다. 비행기 내 흡연은 전 세계적으로 금지된 지 오래되었다. 만약 흡연하다가 적발되면(우리나라의 경우) 비행기가 착륙한 후 경찰에게 인계될 뿐 아니라 1천만 원 이하의 벌금을 내야 한다. 기내 흡연이 처벌된다는 점은 만국 공통이다. 그렇다면 사우스웨스트 항공사는 뭐라고 말할까.

"흡연을 원하신다면 비행기 날개 위 스카이라운지를 이용해 주시기 바랍니다. 그곳에서는 '바람과 함께 사라지다'가 상영되고 있습니다."

사우스웨스트는 미국 국내 노선을 주로 운영하는 항공사이다. 이 회사는 노선 이용의 편리성, 위탁 수화물 무료 서비스(가방 2개까지), 직원 만족 경영 등 여러 가지 장점 외에 유머를 소중히 여긴다는 특이한 장점을 가지고 있다. 서비스 전문가들은 이를 펀(Fun) 경영이라고 부른다. 창업자인 허브 켈러허는 CEO라면 응당 갖추고 있는 권위 의식이 없었다. 스스로 유머를 즐겨서 늘 직원들에게 농담하고, 승객들을 웃기기 위한 방법을 찾아내는 데 열심이었다. 토끼 복장을 하고 비행기 복도에 서서 승무원들과 똑같이 고객을 응대하기도 하였다. 그는 사람의 마음을 얻는 최적의 방법이 유머라고 생각했다. 2019년 87세를 일기로 세상을 떠났을 때 수많은 사람들이 개척자이자 혁신가였던 그의 발자취를 기렸다.

사우스웨스트는 창립자의 정신을 계속 이어가고 있다. 사우스웨스트 항공기를 탑승한 승객들은 수시로 예상치 못한 이벤트를 만난다. 비행기 탑승 후 안내 방송에도 위트를 넣어 재미있게 설명하고, 특이한 복장을 한 승무원들이 복도를 지나다니며 승객들을 응대한다. 고객을 즐겁게 하기 위한 이벤트에 진심인 사우스웨스트 항공은 47년간 연속 흑자를 기록하였으며, 매출 기준으로 미국 4대 항공사로 성장하였다(1971년 창립하여 1972년엔 손실을 봤으나, 그 외 모든 해에 흑자를 기록했다. 2020년 코로나19 팬데믹으로 적자를 봤고 현재까지 흑자와 적자를 반복하며 팬데믹 영향이 이어지고 있다).

인지과학의 권위자이며 『비즈니스 위크』 선정 '세계에서 가장 영향력 있는 디자이너 중 한 사람'으로 선정된 도널드 노먼은 자신의 저서 〈감성 디자인〉에서, 매력적인 상품이 더 잘 작동하는데 매력은 아름다움만을 의미하지 않으며 본질적인 성격을 의미한다고 하였다. 그러면서 "유머는 우리에게 상품의 매력을 전달하는 데 도움을 줍니다. 유머의 효과적인 사용은 상품과 고객과의 사이를 줄여 주며 브랜드에 대한 친밀감을 높여줍니다."라고 설명하였다.

사람들은 자신을 즐겁고 유쾌하게 해준 장소나 사물에 대해 긍정적인 감정을 가지게 되고, 이후에 재방문하여 적극적으로 소비 행위를 한다. 나와 가깝고 친밀해진 장소 혹은 사물을 재차 경험하는 건 기업/가게를 상대로 한 소비가 아니라 나를 위한 '추억 쌓기'가 된다.

돈을 벌고 싶은가. 고객들의 마음을 얻으면 된다. 유머와 위트가 있는 이벤트를 고객이 미처 예상치 못한 순간에 기습적으로 제시하자. 웃음을 거부할 사람은 아무도 없다. 즐거운 이벤트를 적절하게 반복하면 고객들의 마음은 어느새 당신의 두 손 안으로 들어와 있게 된다.

05

자다가도 생각나는 '치명적 매력'

고객의 머릿속에 무엇을 각인해야 할까

음식 장사에서 가장 중요한 것은 음식 맛이다. 상품이라면 성능일 것이다. 고객들이 가장 중요하게 기대하는 바가 충족되어야 한다. 그렇지 않다면 아무리 매장 인테리어가 훌륭하고 서비스가 좋다고 해도 소용이 없다. 핵심 기능이 충실할 때 고객은 그 사업장을 다시 찾을 수 있다.

내가 카페바를 운영할 때 전반적으로 성공적이었다고 자평하지만, 후회되는 것이 한 가지 있다. 점심식사 메뉴가 맛이 없었다는 것. 처음 카페바를 만들 땐 오전 9시부터 오후 6시까지는 카페로 운영하고 오후 6시부터 새벽 2시까지 바(Bar)로 운영하겠다는 계획을 세웠다. 그러다가 고객이 잘 찾지 않는 점심 시간에도 장사를 해 보겠다는 욕심으로 점심식사 메뉴를 만들었다. 오징어덮밥, 카레라이스, 중국 온면, 이렇게 세 개였는데 어느 것 하나 기억에 남을 정도로 맛있지 않았다. 그저 그런 평범한 맛이어서 먹고 나서 또 와야겠다는 생각이 들지 않았다. 주방장은 술안주를 잘 만들었지만 식사 메뉴는 그렇지 못했다. 그의 주력이 아니어서였다. 그런 주방장에게 점심 장사를 하자고 하고 메뉴를 세 가지나 만든 건 순전히 내 욕심이었다.

고객을 유치하는 데에만 전력을 쏟았지, 그들이 정말 우리 가게를 꾸준히 올 수 있는 기본을 갖추지 못했다. 카페바 운영을 중단할 때까지 점심 장사는 명목만 유지했다. 아무리 영업을 잘하고 서비스를 쏟아 부어도 핵심 기능에 충실하지 않으면 절대 흥행에 성공할 수 없다.

핵심 기능과 아울러 중요한 게 한 가지 더 있다. 바로 사업장의 루틴이다. 몇 시에 문을 열고, 몇 시에 브레이크 타임을 갖는지, 몇 시에 문을 닫는지 등이 정해져 있고 그 규칙에 따라 운영되어야 한다. 만약 개인적 용무를 위해 영업시간에 잠시 사업장을 비워야 한다면 "잠시 자리를 비웁니다"는 안내 문구와 함께 복귀 시간을 적어서 출입문에 게시하여 고객이 불편을 겪지 않도록 해야 한다.

친구 집 근처로 친구를 만나러 갔던 적이 있었다. 함께 점심을 먹기로 했는데 친구는 간단하게 요기하자며 동네에 있는 수제 햄버거 가게로 가자고 하였다.

"햄버거 패티가 좋아. 야채도 신선하고. 게다가 치즈볼은 지금껏 먹었던 것 중에 최고야."

입맛이 까다롭기로 유명한 친구의 말에 기대감을 가졌지만 정작 매장엔 불이 꺼져 있었다. 분명 점심 장사가 한창 이뤄져야 할 시간에 매장이 닫혀 있는 게 이상했다. 친구는 얼굴을 찌푸리며 "또 문을 닫았네. 이렇게 들쑥날쑥해서야 손님이 이용할 수 있겠어."라고 말했다. 우리는 햄버거집을 포기하고 근처 다른 식당에서 점심을 먹었다.

자영업을 하는 이들이 많이 묻는다. 어떻게 하면 돈 벌 수 있냐고. 이 질문에 이런 말을 해주고 싶다. 기업/가게는 고객에게 상품의 성능 그리고 루틴을 각인시켜야 한다. 비가 오나 눈이 오나 한결같이 루틴을 지키면 된다. 고객이 핵심 기능에 대한 좋은 인상을 갖고 있으면서 루틴에 익숙해할 때 그 사업장을 적극적으로 이용할 수 있다.

가게 문을 열고 닫는 시간은 똑같아야 한다. 그리고 한결같이 청결하고 깨끗하며 친절해야 한다. 장사가 안 되는 가게를 가보면 지저분하거나 불친절한 경우가 많다. 반찬 하나, 공기밥 하나, 리필이라 해도 손으로 들지 말고 쟁반이나 카트에 올려서 깔끔하게 운반해야 한다. 화장실을 늘 깔끔하게 청소해 두고 예쁜 그림이나 좋은 글귀를 사람 눈높이에 맞춰 걸어두면 좋다. 사소하지만 이런 기본이 고객에게 좋은 인상을 각인하느냐 마느냐를 좌우한다.

위의 수제 햄버거집은 음식 맛, 즉 핵심 기능이 퍽 좋았음에도 루틴이 없었다. 사장이 수시로 자리를 비웠고 브레이크 타임도 들쑥날쑥이었다. 사업장을 찾았는데 문이 닫혀 있거나, 브레이크 타임이라며 출입을 거부당하는 경험이 두어 번 누적되면 고객은 기분이 상해 더 이상 발걸음을 하지 않게 된다. 한쪽에서 거부당했다 하더라도 고객이 선택할 선택지는 많다. 문이 닫혀 있다면 다른 가게에 가면 되니까. 좋은 인상과 루틴을 각인시키지 못했을 때 그 불편함은 고객이 겪지만, 최종적인 손해는 기업/가게에게 돌아간다.

이 집의 주력 무기가 뭐죠?

대학교를 졸업하면서 잉어빵 노점을 그만두고 다른 노점 아이템을 찾기 위해서 종로와 청계천, 동대문 일대 노점을 샅샅이 조사한 적이 있었다. 그때 만난 것이 버터구이 오징어였다.

버터구이 오징어는 이미 많은 노점에서 팔고 있었다. 나 역시 고향 작은누나 가게 앞에서 팔아본 경험이 있었다. 그런데 동대문 인근 노점에서 맞닥뜨렸던 건 여느 오징어와 달랐다. 그야말로 차원이 달랐다. 노점과 제법 떨어져 있는 곳까지 고소한 냄새가 진동했다. 홀린 듯 다가가자 건장한 체격에 스포츠 머리를 한 남자가 오징어를 굽고 있는 모습이 보였다. 포스가 범상치 않았다. 가격은 다른 버터구이 오징어에 비해 조금 비쌌지만 너무나 맛있었다. 이 노점 사장님만의 레시피가 있다고 확신했다.

사장님에게 사정을 설명하고 나도 오징어를 팔게 해달라고 사정하였다. 몇 번의 만남과 설득 끝에 사장님은 오징어를 팔아도 된다고 허락해 주면서 레시피를 알려주었다. 독특한 맛 덕분에 장사가 무척 잘 되었다.

사장님의 독특한 레시피는 많은 이들을 사로잡았다. 나중에 대형 영화관들과 홈쇼핑에까지 판매되는 상품으로 성장하였다. 이 버터구이 오징어가 '달탱이 몸탱이'나. 동대문 리어카 노점상이 연매출 수백억 원대의 회사 '찡오랑'의 회장님이 된 것이다.

찡오랑 회장님은 어떻게 해서 인생역전이라 부를 만큼 드라마틱한 반전을 이룰 수 있었을까. 다른 게 없다. 오로지 버터구이 오징어의 특별한 맛으로 가능했다. 앞서도 말했지만 달탱이 몸탱이는 다른 버터구이 오징어와 차별화된 양념으로 인기몰이를 했다. 똑같은 아이템이 수없이 존재하더라도 고객의 뇌리에 각인될 만큼 차별화된 '무엇'이 있다면, 얼마든지 시장 경쟁에서 승자가 될 수 있다는 걸 분명히 알려주는 사례이다.

루틴을 잘 지키면서 차별화된 경쟁력으로 성공한 사례를 하나 더 소개하고자 한다. 간판 사업을 하는 후배가 있다. 직원 4~5명 정도의 작은 사업장인데, 후배는 영업을 전담한다. 후배는 아침에 출근해 업무회의를 주재한 다음 곧바로 나가서 계약을 따낼 때까지는 가게로 돌아오지 않는다. 1건을 따오면 그 즉시 퇴근하고, 계약을 따지 못하면 밤 12시가 되어도 사무실로 돌아오지 않는다. 그리고 다음 날 계약 목표가 2건으로 늘어난다. 일반적으로 소규모 간판 가게는 한 달에 새로운 계약을 10건 따기가 쉽지 않다. 계약을 따는 게 만만 찮은 만큼 꾸준한 영업은 사업의 성패에 대단히 중요하다. 벼락치기 식이 아니고 하루 하나씩 꾸준하게 쌓아가는 방식이 좋다. '하루에 무조건 1건 계약'은 사장으로서 훌륭한 루틴이라고 생각한다.

매우 성실한 사장과 그를 따르는 착한 직원들. 여기까지는 다른 간판 가게들과 엄청난 차이가 없어 보이지만, 후배 가게의 주력 무기 는 따로 있다. 사업장의 이름을 지어준다는 점이다. 예를 들어 명동 의 쌈밥집이라면 일본인 관광객들을 겨냥해서 '쌈 싸무라이'라고 짓 는 식이다(이 가게 이름은 유튜브에서 소개된 적이 있다). 업종에 잘 어울 리고 고객의 호기심을 불러오는 작명 능력 덕분에 후배는 지금까지 사업을 잘 해내고 있다.

내 고향인 풍기읍에 유명한 짬뽕집이 있었다. 사장님이 굉장히 특 이한 분인데 술을 마시는 걸 워낙 좋아해서 해장을 하기 위해 짬뽕집 을 차렸다. 친구들과 술을 마신 후 짬뽕을 만들었는데 너무 맛있어서 가게를 차리라는 권유를 받았다고 했다.

이 집 짬뽕이 지금까지 내가 먹었던 짬뽕 중 가장 맛있었다. 특히 사장님이 전날 술을 마시고 나서 만든 짬뽕은 국물이 기가 막히게 얼 큰했다. 자려고 누웠다가도 짬뽕 국물을 생각하면 입에 침이 고여서 벌떡 일어날 정도였다. 다 알다시피 매운맛은 중독성이 있다. 이 짬뽕집도 고향에서 많은 인기를 끌었고 사장님은 좋아하는 술을 즐겨 드시면서도 장사를 잘 할 수 있었다. 고객의 뇌리에 각인될 주력 무기가 있다면 홍보마케팅을 하지 않아도 고객들이 제 발로 찾아올 수밖에 없다.

사소한 것 하나 바꿨을 뿐인데

전 세계 맥도날드 매장 수보다 많은 게 우리나라에 있다고 한다. 과연 무엇일까. 놀라지 마시라. 바로 치킨집이다. 지방행정 인허가 자료에 따르면 국내 치킨집 매장은 2019년 기준 약 8만7천 개이다. 2017년 기준으로 맥도날드 매장이 전 세계에 3만8천 개가 존재하는데, 2년간의 격차가 있어 더 늘어났다고 감안하더라도 우리나라 치킨집 수가 어마어마하다는 걸 알 수 있다. 치킨집 매장은 2013년에는 2만2천529개, 2015년에는 약 3만6천 개로 집계되었다. 해마다 증가하는 추세이다. 왜 이렇게 폭발적으로 증가하는 걸까.

가장 큰 원인은 타 업종에 비해 창업비용이 저렴하다는 점이다. 2019년 기준 치킨집 창업 비용은 5천7백16만 원으로, 분식집(창업 비용 약 6천4백만 원)이나 카페(창업 비용 약 1억2천만 원) 등 타 업종보다 창업비용이 적다. 다음으로는 익숙함이다. 한국인들에게 치킨은 일주일에 1회 주문은 기본일 정도로 사랑받는 음식이므로, 낯선 아이템으로 창업하는 것보다 안전하다고 생각하는 점이다. 큰 실패는

하지 않는다 해도 차별화가 있어야 경쟁에서 우위를 점할 수 있다. 그런 면에서 치킨 장사는 친숙하면서도 은근히 까다롭다.

치킨 장사를 잘하는 집을 본 적이 있다. 그곳 사장님은 맛을 기본으로 담보하고 비주얼로 차별화를 꾀하겠다는 계획을 세웠다. 사장님의 전략은 12개의 소스 그릇과 닭 모양 그릇이었다. 치킨집 소스는 2~3개가 일반적인데 사장님은 소스를 연구해서 추가로 더 개발하였다. 이 소스들을 특별히 주문제작한 소스 그릇에 담아서 제공하였다. 치킨 그릇도 독특하다. 외형은 닭 모양인데 배 부분이 뚫려 있어서 그 안에 치킨을 담을 수 있도록 되어 있다. 배 부분에 치킨 조각들을 수북히 쌓은 다음 그 위에 깃발을 꽂았다.

매장을 방문한 고객들은 특별히 제작된 12개 소스 그릇과 위풍당당한 치킨 그릇에 감탄했다. 매장 직원들은 닭 모양의 모자를 쓰고 닭 모양의 옷을 입었다. 매장 한켠에는 다트 등 게임 도구들도 구비해 두었다. 모두 다 고객들을 즐겁게 하기 위한 사장님의 노력이었다.

이 치킨집은 이런 독특한 콘셉트로 인해 젊은 고객들의 발길을 끌었다. 여느 치킨집에 비해 맛이 뛰어났던 건 아니었지만 독특한 접시와 그릇, 직원들 의상 덕분에 매출을 상승시키는 데 성공하였다.

영화 「캐리비안의 해적」으로부터 콘셉트를 차용하여 가게 인테리어를 꾸민 호프집이 있었다. 매장을 해적선처럼 꾸몄고 직원들은 모두 해적 복장에 안대까지 했다. 가장 인기가 있었던 것은 영화의 난

쟁이 해적처럼 꾸민 두 명의 직원이었다. 맥주를 시키면 그분들이 서빙을 했고, 소주는 서빙하지 않았다. 그 바람에 맥주를 주문하는 고객들이 훨씬 많았다. 마치 영화 속으로 들어온 것과 같은 분위기 연출로 인해 입소문을 탔다.

수년 전에 내가 즐겨 찾았던 어느 카페는 굉장히 평범했는데, 의자를 바꾸면서 매출 상승에 성공했다. 어느 날 기존의 의자가 사라지고 엉덩이 모양의 의자가 배치되었다. 재미있는 건 엉덩이 부분이 창가로 향하도록 했다는 점이다. 밖에서 보면 고객들이 앉아 있는 모습이 무척 재미있어 보였다. 그 의자에 앉아 보고 싶은 마음에 지나가던 행인들도 카페로 많이 들어왔다.

작지만 기발한 아이디어로 고객들의 시선을 사로잡고 그 지역의 핫플레이스로 자리매김한 가게 사례는 일본에서도 찾아볼 수 있다. 일본 도쿄의 도고시긴자 미야카와 상가에는 오코메야(OKOMEYA)라는 아담한 쌀가게가 있다. 오래전에 폐점한 16.6㎡ 정도의 작은 채소가게를 개조해서 만들어졌는데 상점 일부의 벽과 문이 없이 탁 트여 있는 것이 특징이다. 공간의 개방성을 높인 이유는 가게 주인이 자리를 비우더라도 옆가게에서 살펴줄 수 있도록 하기 위해서이다. 벽과 문이 없는 만큼 내부가 훤히 들여다보여서 고객들의 시선을 붙들기가 수월해졌다. 오코메야는 단지 쌀을 판매하는 게 아니라 쌀로 만든 화장품, 스낵, 휴대폰 케이스 등을 판매한다는 점에서 일반 쌀

가게들과 차이가 있다.

이 특이한 상점을 만든 사람은 웹 디자인 회사 오완(OWAN)의 CEO 오쓰카 야쓰오이다. 그는 미야카와 상가 거리가 점차 쇠락하여 유동인구가 급감하고 상점들이 문을 닫는 걸 안타까워했다. 그는 일본에서 명성이 높은 건축가 조 나가사카에게 부탁해서 채소가게를 쌀가게로 바꾸는 공간 디자인을 부탁했다. 조 나가사카는 '매일을 이어주는 가게'라는 콘셉트로, 동네 주민들과 소통할 수 있고 소수의 직원이 운영하기에도 편리하도록 열린 공간을 연출해냈다.

야쓰오를 비롯해 여러 사람들의 노력으로 미야카와 상가 거리는 활기를 되찾고 있다. 과거에 비해 유동인구가 많아졌고 여행객들에게도 한번쯤 방문하고 싶은 장소가 되었다. 쌀가게 오코메야를 뜯어볼수록 참 기발하고 창의적인 공간이라는 생각이 든다. 콜럼버스의 달걀과 같은 발상의 전환이라 하겠다.

정형성이 있고 대중적 인기가 높은 아이템은(기본을 갖췄다면) 큰 실패를 피할 순 있지만 차별화는 만만치 않다. 남들이 다 하는 아이템이니까 따라 하는 마음으로 창업하면 현상유지하는 데에만 급급할 수 있다. 그러지 말고 어떻게 해야 수많은 가게들 중에서 내 가게를 고객의 머리에 각인시킬 수 있을지 고민해야 한다. 위의 사례들을 보면 돈이 많이 들거나 난이도가 높은 방법은 없다. 사소한 소품 하나, 서비스 메뉴 하나, 공간 연출을 바꾸는 것만으로도 차별화를 시킬 수

있다는 걸 기억하고, 지금 내 사업장에서 무엇을 바꾸면 좋을지 생각
해 보자.

06

가만히 있으면
가마니가 될 거야

두렵다고 손 놓고 있을 것인가

"혹시 그러다가 망하면 어떡해요?"

강연이 끝나고 나서 한 사람이 찾아왔다. 자영업을 하는데 장사가
안 된다면서 좋은 방법이 없겠느냐며 한참 하소연하는 그의 말을 묵
묵히 들어주었다. 아무래도 상권과 아이템이 맞지 않은 것 같아서 아
이템을 바꾸는 게 좋겠다고 권했는데 꺼리는 눈치였다. 바꿨다가 더
안 좋아지면 어쩌느냐는 것이다. 지금의 아이템을 계속 붙들고 간다
고 잘 되겠는지 물어봤는데 묵묵부답이었다. 안타까웠다.

TV를 보면 장사가 잘 안 되는 가게에 전문가가 찾아와 컨설팅을 해줘서 대박가게로 탈바꿈시키는 케이스들이 많이 나온다. 맛이 문제라면 맛있게 만드는 노하우를, 메뉴가 문제일 땐 이전 것을 과감히 버리고 새로운 메뉴 개발을, 서비스가 좋지 않을 땐 고객 맞춤 서비스를 갖춰나간다. 늘 익숙하던 패턴, 습관에서 벗어나 고객의 기호와 눈높이를 맞추기 위해 뼈를 깎는 노력을 감수한 사장들은 마침내 가게 앞에 길게 늘어선 고객들의 행렬을 보는 기쁨을 맞이한다.

반면에 변화를 거부하거나 잠깐 변화했다가 본래대로 돌아간 사장들은 언제라도 가게가 망할지 모른다는 불안감에 계속 시달리게 된다. 지금까지 했던 방식으로 잘 되지 않았다면 바꿔야 한다. 계속 고집해 봐야 내 눈 앞에 펼쳐진 길은 끝이 없는 내리막길일 경우가 대부분이다.

'안 되는 줄 알면서 왜 그랬을까~'라는 노랫말처럼 왜 우리는 변화해야 하는 걸 알면서 그러지 못할까. 위의 자영업자처럼 두려움 때문이라고 생각한다. 인간의 뇌는 변화를 두려워한다고 한다.

우리 뇌에는 전전두엽 피질(Prefrontal Cortex)과 아몬드 모양의 편도체(Amygdala)라는 기관이 있다. 뇌과학자들에 의하면 전전두엽 피질은 감정을 일으키는 역할을 하고, 편도체는 우리에게 닥치는 위험에 대한 반응을 만드는 역할을 한다. 이러한 신체 기관들의 역할로 인해 우리는 어떤 상황을 만났을 때 감정을 느끼고 그에 대한 반응을 하게 된다.

미국인 조디 스미스 씨는 뇌전증으로 인한 발작을 완화시키기 위하여 우측 편도체 등을(정확하게는 우측 측두엽의 전면부 절반, 편도체, 우측 해마) 제거하는 수술을 받았는데 그 이후로 두려움을 느끼지 못하게 되었다. 두려움을 못 느끼므로 위험한 상황에서도 자기방어를 할 수 없었다. 이런 사례를 보면 우리가 느끼는 두려움이란 감정은 우리를 지키기 위한 방어기제의 발로이다.

그렇다면 인간의 뇌는 왜 변화를 두려워할까. 변화란 곧 낯설음이다. 변화했을 때 낯선 미지의 세계를 맞닥뜨려야 하고 앞으로 어떤 일이 벌어질지 예상하기 어렵다. 무엇이 나의 안녕을 위협할지 알수 없으므로 기피하게 되는 셈이다. 장사가 안 되더라도 아이템을 바꾸지 않으면 오늘, 내일, 모레의 시간들을 예상할 수 있다. 어제처럼 오늘도, 내일도 살아갈 수 있을 것이다. 그러나 아이템을 새롭게 바꾸는 순간, 당장 내일 무슨 일이 일어날지 예상하기 어렵다. 성공할수 있지만 폭망할 수도 있다. 그 50%의 불확실성이 몹시도 불안한 것이다. 변화도 생존을 위해서이지만, 변화하지 못하는 것 역시 생존을 위한 선택인 셈이다. 그러므로 변화를 거부하는 뇌를 설득하는 데에는 끈질긴 노력이 필요하다.

비가 오나 눈이 오나 가만히 있으면?

강연할 때 사람들에게 많이 하는 말이 있다.

"지금의 자리에서 안주하지 마세요. 안주하는 순간 끝납니다."

이 말처럼 나는 장사할 때 한 번도 안주해 본 적이 없었다. 스물한 살 때 노점부터 시작하여 지금까지 수십 종의 장사를 했고 사장으로서는 7~8종 정도 장사했는데, 항상 트렌드와 계절에 맞게 아이템을 변경했다. 아직 어린 나이였고 경험이 많지 않음에도 직접 장사를 해 보니 본능적으로 터득하게 되었다. 장사가 안 될 때 아이템을 고집해서는 안 된다는 사실을.

황금 잉어빵 노점을 할 때 그랬다. 잉어빵 장사는 내 개인 사연과 이색적인 이벤트에 대한 소문이 퍼지면서 여러 방송사에 소개될 정도로 유명했다. 그럼에도 여름엔 장사가 되지 않았다. 무더운 날씨에 뜨끈뜨끈한 잉어빵을 찾는 사람은 극히 드물었다. 그래서 여름엔 닭꼬치로 바꾸었다. 잉어빵을 굽는 기계를 떼어내고 꼬치를 굽는 그릴을 장착하면 가능했다. 닭꼬치 외에도 햄버거, 핫바, 브리또 등을 병행했다. 작은 노점이고 자금도 넉넉하지 않았지만 때에 맞는 아이템을 찾기 위해 나름의 노력과 투자를 아끼지 않았다.

아이템이 바뀔 때마다 고객들 반응은 당연히 바뀌었다. 고객들이 좋아할까 걱정하기도 하였으나 거의 모든 이들이 새로운 아이템에 적응하였다. 계절에 따라 바뀌는 고객들 취향에 선제적으로 대응한

만큼 실패하지 않을 수 있었다.

"지금 먹고살 만한데 꼭 변화해야 하나요?"

안주하지 말고 변화해야 한다는 걸 강조했을 때 어떤 자영업 사장님으로부터 받은 질문이다. 물론 장사가 잘 된다면 변화에의 동기를 느끼기는 어려울지도 모른다. 그렇지만 이런 생각을 가진 분들에게 꼭 들려드리고 싶은 이야기가 있다.

서울 한복판에 위치한 명동은 한때 우리나라에서 가장 잘나간다는 상권이었다. 외국 관광객들이 증가하면서 명동은 시도 때도 없이 인파로 북적댔다. 명동에서는 건물 안 상점이든 노점이든 돈 좀 번다고 어깨에 힘을 주는 이들을 꽤 많이 만날 수 있었다. 내 지인들 중에도 거의 인생역전에 가깝게 돈을 번 사례들이 있었다.

그러나 지금은 어떤가. 평일은 물론이고 주말이나 연휴에 가봐도 과거의 인파를 찾을 수 없다. 코로나19 팬데믹으로 인해 명동 상권의 몰락에 가속도가 붙었다.

상점들은 문을 닫았고 식당가도 썰렁해졌다. 여기저기 '임대 문의'라고 적힌 플래카드가 외롭게 펄럭거리고 있다. 해가 진 후의 거리 모습은 을씨년스러운 느낌마저 든다. 명동이 가장 타격을 심하게 받았지만 이태원, 논현동, 압구정 등 전통적인 번화가도 유동인구가 줄어든 건 마찬가지이다.

서울시와 서울신용보증재단이 운영하는 상권분석시스템 '우리마

을가게 상권분석서비스'에 따르면 서울시 중구의 2019년 4분기 대비 2021년 4분기 길 단위 유동인구 수가 가장 크게 하락했다고 한다. 강남구도 헥타르당 3만6242명에서 3만4124명으로 줄어들었다.

어쩌다 이렇게 되었을까. 앞서 언급한 것처럼 코로나의 영향이 가장 직접적이겠지만, 내가 보기에 전통 번화가들의 몰락은 어떤 점에서는 필연적이라는 생각이 든다. 어제도 오늘도 붐비는 거리를 보면서 이런 흥행이 계속될 거라고 기대하고 안주했기 때문이다. 외국인 관광객들에게 절대적으로 의존하면서 내국인 고객들을 소홀히 한 측면도 있었다. 기억을 더듬어 보면 늘 익숙한 아이템이 즐비하고, 외국인 관광객을 상대로 한 호객 행위에 어지러웠으며, 고객 만족도를 높일 만한 서비스가 아쉬웠던 풍경이 떠오른다.

반면에 변화하는 시대의 흐름에 맞아떨어진 지역 상권은 호황을 누리고 있다. 코로나로 인해 집에서 직접 요리를 해먹는 '집쿡' 요리가 뜨면서 농수산물도매시장 상권이 활황을 맞이했다. 서울과 경기권에서는 동작구 노량진 수산물도매시장, 송파구 가락시장, 구리 농수산시장 등이다. 이런 대형 도매시장뿐 아니라 동네 상권에서도 밀키트 상품을 취급하는 상점, 반찬 전문점, 신선한 야채와 과일을 살 수 있는 청과물 가게 등이 각광을 받고 있다. 만약 전통적인 번화가들이(코로나는 어쩔 수 없었다 해도) 시대 변화에 조금 더 빠르고 기민하게 대처했더라면 지금보다는 낫지 않았을까 하는 생각이 든다.

전통적 번화가들이 다시금 고객들을 되찾으려면 이전보다 몇 배의 노력이 필요할 것이다. 고객의 마음을 사로잡을 수 있는 흥행 공식을 연구해야 한다. 진심으로 고객을 존중하고, 고객의 필요와 욕구를 채우기 위한 서비스를 아끼지 않는다면 얼마든지 제2, 제3의 전성기를 맞이할 수 있다. 또한 지금 고객들로 북적이는 상권들은 현재의 호황에 안주해서는 안 될 것이다. 지금의 호황이 시대적 변화로 인해 찾아온 '행운'이라면 더더욱 그렇다.

기업이나 자영업자들은 언제나 대중의 기호, 트렌드의 흐름을 면밀하게 읽고 그에 맞춰 새로운 상품과 서비스를 제공해야 한다. 그러한 관찰과 변화를 게을리 하면 언젠가 "아~ 옛날이여~"를 외치며 과거의 영광을 곱씹는 날이 올지도 모른다. 지금 잘나간다고 해도 방심은 금물이다.

가성비를 최대한 살리는 운영법

사실 장사하는 사람들은 아이템을 바꾸는 데에 대한 부담이 크다. 계절이나 트렌드를 반영해서 아이템을 바꾸자면 부엌과 홀/매장 인테리어까지 손을 대야 할 곳이 한두 군데가 아니다.

부엌 설비와 홀/매장 인테리어를 한 번 해놓으면 바꾸기가 어렵고, 송두리째 바꾸려 했을 때 비용 부담이 굉장히 커진다. 자칫 배보다 배꼽이 더 큰 상황이 벌어질 수 있다.

그래서 처음 창업하기 전부터 주변 상권을 분석해 몇 가지 아이템이 가능할지를 가늠해 놓고, 그것들을 포용할 수 있는 방식으로 세팅하는 것이 좋다. 그러면 아이템을 바꿀 때마다 인테리어를 뜯어고치거나 이전해야 하는 부담이 없고, 기존의 고객까지 흡수할 수 있다.

1년에 10억 원 정도의 매출을 올리는 자영업자를 만난 적이 있다. 그분에게 비법을 물으니까 빠르면 1년, 늦어도 2년 안에 간판을 바꾸는 것이라고 답해주었다. 1년 동안 치킨집을 하다가 간판을 호프집으로 바꾸는 식이다. 치킨집☞호프집☞(여러 종류의 술을 파는) 술집☞(다시) 치킨집, 이렇게 비슷한 아이템으로 갈아타는데 그때그때 메뉴와 인테리어를 살짝만 바꾼다고 한다. 이유가 궁금했다.

"간판을 바꿀 때마다 새로운 집이 오픈하는 줄 알고 찾아오는 손님이 많아요."

우리나라는 '오픈빨'이란 게 있다. 말 그대로 새로 오픈한 사업장에 고객들이 몰리는 현상을 말한다. 사람들이 새로 생긴 사업장에 호기심을 갖는 현상은 최소 2~3개월 이상 지속된다. 그걸 활용하는 셈이다.

부엌과 홀을 뜯어고치지 않고 고객들 보기에 신선함을 주는 정도로 변화하려면 서로 호환될 수 있는 아이템을 찾는 게 필요하다. 내가 봤던 가게들 중에는 아이템이 바뀌었는데 사장님이 그대로인 경우가 많았다. 주변 상권이나 고객들 취향을 관찰해 그에 맞게 아이템을 바꾸었는데 매출이 올랐다며 만족해했다.

나 역시 카페바를 창업할 때 여러 아이템이 가능한 설계를 하고 싶었다. 커피와 차, 술, 식사 장사를 감안해서 부엌을 세팅하고 고급 레스토랑 콘셉트로 인테리어를 하였다. 그래서 카페, 바(Bar), 식당의 세 가지 아이템이 한 공간에 공존하였음에도 전혀 추가 비용이 필요하지 않았고, 동선이 꼬이거나 분위기가 어색하다는 등의 문제가 없었다.

만약 창업 때부터 이렇게 공간을 설계하지 않았다면 아이템을 바꾸는 건(그에 따라 모든 걸 바꿔야 하니까) 부담스러울 수 있다. 이런 경우에는 현재 공간 설계에 맞는 메뉴를 찾는 것도 좋은 방법이다. 대부분의 창업자들이 메뉴에 맞춰 인테리어를 하는데, 그와 반대인 것이다.

이 방법을 추천하는 이유가 있다. 아이템을 바꾸려면 부엌과 홀을 바꾸어야 하는데 두 가지 중에서 홀을 바꿀 때, 즉 인테리어를 변경할 때 훨씬 더 많은 비용이 들어가기 때문이다. 그래서 쉽게 말해 카페를 바꾸고 싶다면 파스타와 돈까스 혹은 이자카야 같은 아이템으로 바꾸는 게 적합하다. 굳이 다 뜯어고쳐서 횟집을 하겠다고 고집할 필요가 없다. 대대적인 공사를 들일 만큼 자금이 남아돌지 않는다면 말이다. 카페를 뜯어고쳐 횟집으로 바꾸는 것보다 카페를 처분하고 횟집 매물을 찾는 게 비용상 더 경제적이다.

거리를 다니다 보면 만들어진 지 1년도 안 된 가게가 문을 닫는 걸 너무나 많이 본다. 자영업 사장님들 입장에서는 비극이고, 사회적으로는 경기 침체의 원인이자 물질적 낭비이다. 자영업자의 폐업 확률을 낮추고 오랫동안 장사할 수 있는 방법을 찾아야 한다.

고객의 취향과 계절 변화 등에 따라 아이템을 변화하는 것은 생존의 차원에서 꼭 필요하다. 꼭 변경하지 않고 유지하더라도 좀 더 맛있게, 좀 더 예쁘게, 좀 더 성능이 뛰어나도록 업그레이드를 할 수 있어야 한다.

뭔가를 바꾸려면 돈이 든다. 투자를 해야 한다는 부담이 있다. 고객들 반응도 부담이다. 그러나 두려워서 바꾸지 않는다면 성공할 수 없다. 세상은 무척 빠르게 변화하고 사람들의 기호도 바뀌어간다. 늘 하던 대로 해서야 변화무쌍한 시대를 상대하기 힘들다.

장사하는 사람들은 고정되어 있어서는 안 된다. 트렌드에 민감하게 반응할 수 있어야 한다. 한 가지를 선택했다고 해서 그걸 계속하겠다고 생각하지 말고 대중의 기호에 맞게 아이템을 바꿀 수 있도록 최초 창업 기획 때부터 꼼꼼하게 시장조사와 공간 설계를 해야 한다.

장사가 잘 되어 아이템을 바꾸지 않더라도 업그레이드를 게을리하지 않아야 한다. 이런 모든 변화를 거부하는 뇌의 관성을 꺾을 수 있는 용기가 필요하다. 가만히 있어서 가마니가 되고 싶지 않다면 말이다.

18세기 독일의 물리학자 게오르크 크리스토프 리히텐베르크는 "우리가 바뀐다고 해서 더 나아질 거라고 말할 수 없다. 그러나 더 나아지기 위해서는 변화해야 한다고 말할 수 있다."라고 했다. 변화가 무조건적 성공을 보장하지는 않는다. 그러나 적어도 어제보다는 더 나은 전진을 이뤄 줄 수 있다는 사실이다.

07

무엇을, 누구에게, 어떻게, 어디에서, 언제

죽여주는 아이디어인데 사업이 망했다고?

친구들과 함께 저녁 모임을 하려고 방문했다가 가게가 너무나 마음에 들어서 사장님에게 대화를 청했다. 우리는 서로 자기소개를 하고 연락처를 주고받았다. 내 마음을 사로잡은 그 가게는 '리무진 포차'였다. 고객이 가게에 가겠다고 전화를 걸어오면 리무진을 보내서 고객을 태우고 오는 식이다. 고객이 돌아갈 때도 리무진에 태워서 모셔다 드렸다. 고급스러운 검은색 리무진에는 가게를 홍보하는 플래카드가 붙어 있었다.

리무진 포차의 사장님은 본래 차량 렌탈 사업을 하고 있었다. 웨

딩홀이나 각종 행사장에 고급 차량을 렌탈해 주는 일을 하면서, 보유 자원을 활용해 추가로 할 수 있는 사업을 고민하다가 리무진으로 고객을 모셔오는 실내포차를 생각하게 되었다. 이런 아이디어를 처음 보았던 데다 고객이 만족스러워할 수 있는 다양한 서비스 형태에 관심이 많았던 터라 무척 흥미로웠다. 시간이 날 때마다 드나들면서 가게의 안팎을 관찰하였다. 그리고 머지않아 가게의 치명적인 문제점을 발견할 수 있었다.

그것은 바로 수지타산이 맞지 않는다는 점이었다. 겉보기엔 훌륭해 보였던 리무진 포차의 사장님은 나와 친해지면서 고민을 털어놓기 시작했다. 투자 비용 대비 매출이 너무 저조하다는 것이었다. 무료로 리무진을 운영하려면 고객이 최소한 10만 원 이상의 매상을 올려주어야 한다고 했다. 그런데 고객들은 오가는 차비를 아끼고도 그렇게 소비하지 않았다. 네다섯 명을 리무진으로 모셔왔다가 모셔다 드렸을 때 차 기름값에 음식값, 술값을 제하고도 돈이 남아야 하는데 그렇지 못했다. 마이너스가 비일비재했다.

왜 그런 걸까. 실내포차는 본질적으로 고급 술집이 아니다. 저렴한 가격에 맛있는 음식과 술을 즐기는 서민적인 콘셉트이다. 그래서 리무진 포차의 메뉴에는 고급 레스토랑이나 술집에서 볼 법한 비싼 안주와 술이 없었다. 여러 명이 호프와 함께 노가리, 골뱅이, 부침개 등을 배불리 먹고 마셔도 20만 원이 넘지 않은 경우가 많았고, 혼자

와서 2만 원 정도 소비하고 경기도까지 데려다 달라는 고객들도 있었다.

매출 대비 지나친 고비용의 서비스를 제공하고 있었다. 실내포차라는 아이템이 갖는 공간적 특징과 리무진은 상극이었다. 고객들이 올수록 손해를 입는 구조였다. 이런 점을 파악하고 나서 너무나 안타까웠다. 사장님은 고민 끝에 고객을 모셔오기만 하고 모셔다드리는 서비스를 없애고, 거리 제한을 두어 지나치게 먼 거리의 고객은 받지 않기로 했다. 이후 마이너스의 크기는 줄어들었지만, 그렇다고 해서 플러스로 돌아서진 않았다. 공간이 갖는 한계가 명확했다.

만약 실내포차가 아니라 VVIP를 상대하는 고급 술집이라면 어땠을까. 한 테이블에 40~50만 원 정도 매상이 가능한 고급 술집이었다면 하루에 다섯 테이블만 움직여도 충분했을 수 있다. 이럴 때 리무진 무료 서비스는 너무나 좋은 아이디어가 된다. 고객들이 리무진을 탔을 때부터 샴페인과 초콜릿 등을 제공해서 즐거운 분위기를 먼저 조성하면, 사업장에서 고급 와인 등이 잘 팔렸을 것이다. 이러한 방향으로 아이템을 변경하려면 인테리어를 바꿔야 하는데 그 규모가 어마어마하므로 엄두가 나지 않았다.

무료 서비스를 제공하는 이유는 궁극적으로 매출을 많이 올리기 위해서이다. 그래서 무료 서비스 비용을 뽑아내고도 남을 만큼의 매출을 올리지 못하면 서비스를 지속하기 어려울 뿐 아니라 생존 자체가 힘들어진다. 리무진 포차는 아무리 아이디어가 좋아도 장소적 특성과 타깃고객이 불일치하였기에 사장님이 열심히 일했음에도 불구하고 결국 문을 닫을 수밖에 없었다. 성공적인 사업장의 운영을 원한다면 '무엇(What)'을 팔 것인지, 즉 어떤 상품/서비스인지만 중요한 게 아니다. '누구에게(To Whom)' '어떻게(How)' 팔 것인지까지 따져보아야 한다. 이러한 계산이 없다면 아무리 무료 서비스를 퍼부어도 성공하기 어렵다.

매출을 많이 올리려면 고객들이 모인 곳으로 가라

어떻게 하면 매출을 많이 올릴 수 있을까. 이는 기업/자영업자들의 한결같은 고민이다. 앞서 말한 것처럼 타깃고객에 맞는 아이템 선정이 중요하다. 무엇을(What) 누구에게(To Whom) 팔 것인지 결정하였다면 그다음 스텝은 무엇일까. 친구 덕분에 알게 된 보험왕으로부터 배운 원리는 단순했다. 매출을 올리려면 고객들이 많이 몰려 있는 곳으로 가라는 것이다. 내 상품/서비스를 팔 수 있는 장소(Where)를 찾아내는 게 중요하다.

그는 고객들이 모인 곳을 찾는 데 선수였다. 매주 화요일만 되면 대학병원 곳곳을 다니면서 환자들에게 야쿠르트를 하나씩 돌렸다. 환자나 보호자들을 붙잡고 보험 설명을 하지 않았고 안부를 물으면서 야쿠르트를 나눠주는 것 자체에 집중하였다. 처음엔 어리둥절하거나 경계했던 사람들은 그의 진심 어린 관심과 친절에 마음을 열었고, 그가 묻지 않았는데도 자신들의 상황을 설명하면서 보험 정보를 문의하였다. 그는 어떤 질문이든 성의 있게 답해 주었고 문제가 있다면 적극적으로 해결해 주려고 애썼다. 차츰 그에게 보험을 가입하는 고객이 늘어나기 시작했다. 이야기를 들으면서 그의 탁월한 장소 선정에 감탄했다. 어떻게 그런 생각을 했느냐고 물어보았다.

"영업은 본래 개척 정신으로 하는 거예요. 그런데 대부분의 세일 즈맨들은 지인들부터 영업 대상으로 삼아요. 가족, 친척, 친구, 지인을 상대로 영업하면 처음 얼마간 버틸 수 있지만 6개월 이상 가기 어렵죠. 성공하고 싶다면 나의 진짜 고객을 적극적으로 개척해야 하고, 가족 및 지인 영업은 맨 마지막에 하는 게 좋아요."

성공하고 싶다면 진짜 고객군을 개척해야 한다. 그는 고객 개척을 위해 그들이 모여 있는 장소를 찾아냈다. 보험설계사가 고객을 유치하기 위한 장소로 병원만 한 곳이 있을까. 병원을 오가는 모든 이들은 보험회사의 (잠재)고객이라고 봐도 무방하다. 평소 일상생활을 할 때는 보험에 대한 관심이 거의 없지만, 몸이 아파서 병원에 입원하게 되면 관심이 폭발한다. 내가 가입한 보험이 어떤 보장 내역을 가지고 있는지, 보험을 청구했을 때 얼마를 지급받을 수 있는지, 보험금이 왜 이것밖에 안 되는지 등등 궁금한 것 천지이다. 보험회사 고객센터에 문의해도 설명을 쉽게 이해하기 어렵다. 이런 입장에 놓였을 때 누군가 친절하게 보험 정보를 설명해 준다면 귀를 기울이지 않을 수 없다. 위 사례의 보험왕은 이 같은 심리를 간파하고 정기적인 방문을 통해 신뢰를 쌓으면서 잠재고객들의 마음이 열리기를 기다렸다. 요즘은 코로나 때문에 병원의 외부인 출입이 통제되므로 불가능하지만 그전까지는 매우 효과적인 영업 전략이라 할 수 있다.

물고기를 잡으려면 강이나 바다로 가야 하고, 사과를 따고 싶으면 사과나무 밑으로 가야 한다. 나도 식당에서 일할 때 평일 정오 시간대에 사무실이 밀집된 곳 대로변에서 직장인들에게 전단지를 나눠주었다. 점심식사 고객을 유치하고 싶다면서 주택가로 갔다면 성공할 수 있었을까. 매출을 올리고 싶다면 고객 집단이 언제, 어디에 모여 있는지부터 생각해야 한다.

보험왕이 알려준 방법을 활용해서 상조회사 영업에 성공한 적이 있었다. 본래는 병원에서 잠시 아르바이트를 했는데 장례식장에서 직원들을 관리하는 매니저 업무였다. 직원들을 관리하는 데 그치지 않고 내 가족 혹은 친척의 일인 것처럼 장례식장을 누비고 다녔다. 문상객을 맞이하고, 자리를 정돈하고, 부족한 음식을 바로 채워 넣고, 이틀 이상 조문 오는 이들을 각별히 챙겨드리는 등 여느 직원들보다 부지런하게 움직였다. 고인을 잃은 슬픔에 빠진 유가족을 보고 진심이 움직였던 것 같다. 유가족들은 무척 고마워하였고, 문상객들조차 "가족인 줄 알았다"면서 칭찬을 아끼지 않았다.

이런 나를 장례식장 직원이 눈여겨보았다. 그가 상조회사에 소개시켜 주어서 뜻하지 않게 영업 활동을 하게 되었다. 온갖 일을 다해 온 입장에서 상조회사 영업이라고 마다할 이유가 없었으나, 아무래도 장례식장에서의 영업이라는 점이 무척 조심스러웠다. 고민을 거듭하다가 욕심을 내려놓기로 했다. 상조회사 고객 유치라는 목적에 압도당하기보다 사람들의 마음을 어루만져준다는 마음으로 다가서기로 하였다.

목적이 하나 더 생겼지만 내 행동은 달라지지 않았다. 이전처럼 똑같이 문상객들을 맞이하고 챙겨드렸다. 편의를 봐 드리고 시중을 들면서 자연스럽게 대화를 풀어갔다.

"너무 잘 챙겨주셔서 감사해요. 혹시 가족분이세요?"

"아닙니다. 저는 여기 장례식장 매니저에요."

"진짜 열심히 하셔서서 가족인 줄 알았어요. 유가족들이 도움을 많이 받았을 것 같아요."

"그렇죠? 저도 막상 일해 보니 그런 생각이 들어요. 이런 일을 겪을 때 누가 저처럼 해주면 좋겠다고요. 혹시 상조회사에 가입하셨나요?"

전혀 억지스럽지 않고 자연스러운 대화 속에서 하나둘 고객이 늘어갔다. 한 달 남짓한 시간 동안 수십 명의 고객을 유치한 결과를 보고 상조회사도 놀라워하였다. 장례식장에서 장례를 겪으면서 상조회사에 관심을 갖게 되었고 필요성을 실감하게 되었기에 큰 어려움이 없었다. 관심이 생긴 사람들에게 계약을 확정 짓는 일은 그렇지 않은 경우보다 쉽다. 노골적으로 영업하지 않고 친절과 배려를 선행했던 것도 잠재고객들의 거부감을 낮추는 데 일조했을 것이다.

영업은 현란한 말솜씨에 좌우되지 않는다. 상대와 어떤 장소에서 (Where) 만났는지를 생각하지 않고 어쭙잖은 세 치 혀에만 의지하면 차갑게 외면받을 수밖에 없다.

고객을 만날 수 있는 최적의 시간

"강사들이 강연하기를 가장 싫어하는 시간이 언제인지 알아요?"

전업 강사로부터 이런 질문을 받았다. 강연에 종종 나가고 대학교 강단에 서 본 경험이 있지만 특별히 싫어하는 시간대는 없었다. 누군가에게 내가 가진 지식을 나눈다는 것 자체가 마냥 즐거워서 미처 청중의 입장을 생각해 본 적은 없었다. 잘 모르겠다고 하자 그가 알려주었다.

"월요일 아침 9시에요. 직장인들이 가장 피곤한 컨디션일 때거든요."

듣고 보니 맞는 말 같았다. 흔히들 푹 쉬고 난 다음 날이 가장 피곤하다고 하지 않던가. 달콤한 휴식을 뒤로 하고 기나긴 일주일의 출발선에 섰으니 기분이 좋을 리 만무하다. 과거 개그콘서트가 방영될 때 엔딩 음악을 들으면 우울감이 몰려온다는 직장인들이 많았다. 취업포털 잡코리아가 2018년에 남녀 직장인 547명을 대상으로 조사한

'직장인 피로 현황'에 따르면 월~금요일 중에서 피로감이 가장 많은 요일이 월요일이라는 응답이 가장 높았다. 월요일 아침이라면 제아무리 말 재간꾼이라 하여도 청중의 호기심을 자극하기가 쉽지 않다고 봐야 한다.

이처럼 어떤 직종이나 고객을 만나기 쉽거나 반대로 만나기 어려운 때(When)가 있는 것 같다. 마찬가지로 내가 제공할 상품/서비스의 특성상 판매하기에 최적의 시간대가 있을 것이다. 이를테면 홈쇼핑에서 금요일과 토요일 밤에 여행 상품을, 명절 직후에 명품을 판매하는 것처럼 말이다. 나도 점심 고객을 만나기 위해 11시 50분부터 사무실 밀집 지역에 진을 치고 있었고, 저녁 술 장사를 위해서는 퇴근 시간대에 나가서 직장인들을 만났다.

고객을 만날 수 있는 최적의 시간대를 잘 파악한다면 영업에 훨씬 유리하다는 건 분명한 사실이다. 여러 직종에서 일했던 경험에 따른 주관적인 견해임을 전제하고, 직장인들을 만나기에(연락/방문하기에) 좋은 시간과 나쁜 시간을 정리해 보고자 한다.

• 만남에 좋은 시간 : 화요일&수요일&목요일 오후 2시
화요일부터 수요일, 목요일로 갈수록 업무 적응력이 좋아진다. 피곤한 몸을 이끌고 일주일 업무 계획을 세우는 월요일에 비하면 스케줄이 정돈되었을 때이므로 좀 더 부드러운 분위기 속에서 미팅을 진행할 수 있다.

오후 2시는 점심식사 후라 약간 나른해지면서 업무 능률이 떨어지는 때이다. 그런 만큼 이 시간대에 직장인들에게 미팅을 청하면 받아들여질 가능성이 높다.

• 만남에 나쁜 시간 : 월요일 아침 9~10시/ 금요일 4~5시
월요일 아침은 직장인들에게 가장 바쁜 시간대이다. 한 주간 진행할 업무를 정리하고, 주말 동안 들어온 이메일 등을 확인하고 연락을 취해야 한다. 회사에 따라 다르지만 부서 회의가 진행되는 경우도 많다. 이럴 때 방문이나 연락을 한다면 반갑게 맞아줄 사람은 많지 않다.

금요일 오후 5시가 미팅하기에 적절하지 않은 이유는 무엇일까. 불금을 보내기 위해 퇴근을 고대하는 시간이기 때문이다(사실 퇴근 시간에 임박한 미팅은 요일과 무관하게 반갑진 않다). 이때 미팅을 잡으면 상대가 집중하기가 쉽지 않으며, 조금이라도 길어지면 짜증스럽게 반응할 가능성이 높다. 금요일에 꼭 미팅을 잡아야 한다면 칼퇴를 방해하지 않도록 오후 2시 전후여야 한다.

위의 정리는 어디까지나 내 주관적인 견해임을 다시 한 번 밝혀둔다. 효과적인 영업을 위하여 대체로 선호하는 요일이나 시간대가 있다는 것인데, 이런 공식을 무조건 들이대기보다 내가 만날 상대의 상황을 살펴서 최적의 시간을 잡는 노력이 중요하다.

지금까지 무엇을(What), 누구에게(To Whom), 어떻게(How), 어디서(Where), 언제(when)라는 다섯 단어로 매출 증대 방법을 짚어보았다. 의사전달에 있어서 육하원칙이 중요한 것처럼 성공을 소망하는 기업/자영업자들에게 이 다섯 단어가 매우 중요하다. 무엇을, 누구에게, 어떻게, 어디서, 언제라는 다섯 단어를 항상 가슴에 품고 서비스 전략을 짤 것을 권한다.

꼴 보기 싫은 진상고객
200% 활용법

누울 자리가 보이면 여지없이 다리를 뻗는다

카페바를 운영할 때의 일이다. 오전과 오후를 꽉 채워 장사하면서 점
심식사를 팔겠다고 결정하였다. 식사를 드시는 고객들에게 커피 혹
은 음료수(포도나 오렌지 주스, 사이다, 콜라 중 택일)를 무료 서비스로
제공하였다. 개인별 상차림으로 정갈하게 음식을 담고 와인 잔에 음
료를 담아서 내보내니 품격이 있어 보여서 뿌듯했다.

우리 가게가 있는 건물에는 네트워크 마케팅 회사가 무려 7개 층
을 쓰고 있었고, 그곳 사업자들이 오전부터 우리 가게에서 미팅을 가
졌기 때문에 점심 손님이 붐빌 거라고 확신하였다. 분위기 좋은 곳

에서 저렴한 가격의 식사에 후식까지 겸할 수 있으니 더할 나위 없지 않을까.

시간이 지나면서 내 생각이 잘못되었다는 걸 깨달았다. 오전에 우리 가게에서 미팅한 사업자들은 자기 고객을 모시고 밖으로 나가 식사하고 다시 우리 가게로 돌아와 차를 마셨다. 그들은 고객을 유치할 목적으로 미팅하므로 저렴한 식사 메뉴를 선호하지 않았다. 좀 더 비싼 식당에 가서 잠재고객을 융숭하게 대접하고 싶어 했다. 카페에서 차를 마시고 그 자리에서 식사까지 하면 얼마나 편하겠어, 라는 건 순전히 운영자인 내 착각이었다.

문제는 또 있었다. 점심을 먹으러 오는 사람들 중에 후식을 나중에 먹겠다고 말하는 경우가 많았다는 점이었다. 지금은 배불러 못 먹겠으니까 이따가 먹으러 오겠다며 후식을 쟁여달라는 것이다. 처음 이 말을 들었을 때 어리둥절했고, 후식을 킵하겠다는 고객이 늘어가면서 불편한 마음이 쌓여 갔다.

그들은 공짜로 제공되는 후식을 먹으면서 두세 시간씩 테이블을 차지하였다. 20~30분도 아니고 한 시간을 훌쩍 넘겨도 일어날 줄 몰랐다. 그런 모습을 보면서 속에서 천불이 났다. 서비스로 제공받은 음료와 제대로 값을 지불한 커피/음료가 결코 같을 수 없는데 이게 괜찮은 건가. 그들이 내게 욕 한마디 하지 않았지만 내 입장에서는 진상고객이나 다를 바 없었다.

그렇다고 그들의 요청을 거절하기도 힘들었다. 자주 가게에 들르는 고객들인데 만약 마음이 상하여 발길을 끊으면 어쩔 건가. 혹시라도 안 좋은 소문을 낸다면? 이런저런 두려움에 마음이 약해져서 안 되는 걸 알면서도 수용해 주었더니 점심 이후로는 공짜 고객들이 자리를 점령하기 시작했다.

어떤 이는 일행에게 자기 음료를 나눠서 담아달라고 말하기도 했다. 공짜로 한 잔 더 달라는 의미였다. 기가 막혔다. 고객 만족도를 높이기 위한 무료 서비스가 이런 사태를 만들 거라고 조금도 예상하지 못했다. 잘못된 전략이었다. 진상고객을 내 손으로 탄생시킨 것이나 다를 바 없었다.

몇 날 며칠 고민하다가 서비스를 바꾸기로 하였다. 음료를 (숟가락으로 떠먹는) 아이스크림으로 변경했다. 아이스크림을 꺼냈다면 바로 먹어야 한다. 세균 감염 및 번식의 우려로 한 번 통에서 퍼낸 아이스크림을 다시 넣을 순 없었다. 이런 점을 고객들에게 설명하고 후식을 킵할 수 없다는 걸 분명히 했다. 위생과 건강 문제였기에 반발하는 이들은 없었다.

무료 서비스를 없애지 않고 다른 종류로 바꾼 이유는 있던 게 없어지면 불만 사항이 되기 때문이다. 앞서 말했지만 무료 서비스를 없애거나 축소하면 고객들은 반발한다. 커피/음료를 계속 공짜로 제공하면서 킵하지 못하게 한다면, 그동안 허용했는데 왜 안 되느냐면서 불만을 터뜨릴 게 분명했다. 고객의 컴플레인을 맞닥뜨리거나 고객과 싸우는 건 자영업자라면 누구나 피하고 싶은 순간이다. 그래서 킵할 수 없는 메뉴로 바꾸는 것이 현실적으로 가장 지혜로운 방법이라고 판단하였다. 고객들과 되도록 감정대립을 하지 않는 해결책을 찾은 셈이다.

진상고객들 덕분에 골치가 아팠지만 그들 덕분에 내가 만든 서비스에 어떤 문제가 있는지를 깨달을 수 있었다. 그런 차원에서 한편으로는 그들에게 진심으로 고마웠다. 진상이라 불렀으나 따져 보면 진상이 아닌 셈이다. 내 상품/서비스가 고객을 만족시키고 매출에도 기여할 수 있을지를 알고 싶다면 고객들의 행동을 면밀하게 살펴보아야 한다.

내 입장과 고객 입장은 언제나 다르다. 사장으로서 고객을 위하겠다며 제공한 서비스가 되레 칼로 돌아올 수도 있다. 매출을 올리는 게 목적인 서비스가 매출을 깎아먹는 요소로 작동할 수 있다는 점이다. 사람들은 누울 자리를 보면 자연스럽게 다리를 뻗고 싶어 한다. 서비스를 호의가 아닌 마땅한 권리라고 생각하는 이들도 많다. 그래서 쉽게 자리를 내주면 언제든지 '부당한 점령'이 이뤄질 수 있다.

하양과 검정 사이, 회색지대에 대처하는 자세

흔히 고객을 세 분류로 나누는데 화이트 컨슈머(White Consumer), 그레이 컨슈머(Grey Consumer), 블랙 컨슈머(Black Consumer)이다. 화이트 컨슈머는 자신이 지불한 값만큼 정당한 권리를 정직하게 챙기는 소비자, 그레이 컨슈머는 화이트와 블랙의 중간 계층으로 착한 소비에 관심이 있으면서 자기 권리를 침해받았다고 느낄 땐 적극적으로 문제를 제기하는 소비자를 말한다. 마지막으로 블랙 컨슈머란 악성을 뜻하는 '블랙(Black)'과 소비자란 뜻의 '컨슈머(Consumer)'를 합친 단어로, 터무니없이 무리한 요구를 하거나 갑질과 함께 도가 지나친 행동들을 하는 소비자를 말한다.

사업장의 매출을 올려주는 사람들은 화이트 컨슈머와 그레이 컨슈머이다. 이중에서 그레이 컨슈머에 대한 대응이 중요하다. 이들의 컴플레인에 당황하더라도 잘 대처하면 이들을 얼마든지 나의 충성고객으로 삼을 수 있다.

내가 보기에 고객들의 불만은 두 가지 이유에서 나타난다. 첫 번째로 음식 맛 혹은 상품 성능에 대한 불만이다. 두 번째는 서비스에 대한 불만이다(물론 첫 번째와 두 번째가 별다른 문제가 없는데도 불만을 터뜨리는 사람들이 있다. 이런 이들은 블랙 컨슈머이므로 뒤에서 얘기하기로 한다). 맛 혹은 성능이 만족스럽지 않은데 가격까지 비싸면 불만이 생기는 게 당연하다. 만족스럽더라도 직원이 불친절하거나 청결과 정리정돈 등에 문제가 있으면 불만스러울 수 있다. 그레이 컨슈머들이 토로하는 말들을 경청해 보면 경영자 입장에서 수긍할 수 있는 경우가 대부분이며, 미처 몰랐던 문제들을 발견하게 되어 음식/상품을 개선하는 데 큰 도움이 된다.

후배가 운영하는 레스토랑에 대단히 까다로운 고객이 있다. 테이블 위의 얼룩 하나, 비뚤어진 포크와 나이프에도 얼굴을 찌푸리기 일쑤이다. 자신이 주문한 음식 맛이 여느 때와 조금이라도 달라지면 귀신같이 눈치 채고 홀 매니저를 호출한다.

우연히 그 고객과 마주치면 괜히 내까지 눈치가 보이는데 후배는 덤덤하게 반응하였다. 그 고객 덕분에 주방장이 음식 간을 맞추는 게 들쑥날쑥하다는 걸 알게 됐다면서 둔감한 자신 대신에 그걸 발견해 주어 고마운 마음이란다. 사소한 문제들까지 깐깐하게 발굴해 내지만 그걸 표현할 때는 예의를 갖춰서 말하는 사람이라고 했다. 이런 고객들이 때맞춰 나타나준다면 컨설팅이 왜 필요하겠는가. 그레이 컨슈머들의 불만에 씁쓸할 수 있겠지만 좋은 약이 입에 쓴 것처럼 성공하고 싶다면 마땅히 귀담아들어야 한다.

많은 기업들이 그레이 컨슈머들을 대상으로 상품 모니터링, 체험단 등 다양한 활동을 진행하고 있다. 그레이 컨슈머들은 해당 상품에 대한 호감이 크지 않아서 중립적이고 이성적인 관점에서 상품 평가가 가능하다. 체험 활동 등을 통해 상품에 대한 호감을 축적해 나가면 적극적인 충성고객으로 변모할 수 있다는 것도 기업 입장에서 좋은 점이다.

기업/자영업자는 그레이 컨슈머들의 불만을 경청해서 상품을 한층 더 개선할 수 있는 방안을 찾아야 한다. 이들이 쏟아내는 말은 비용을 지불하고 전문 컨설팅을 받더라도 쉽게 찾아내지 못하는, 알짜배기 정보이다.

고객들의 컴플레인을 해결하기 위해 비용을 감수해야 할 때가 있다. 잘못된 상품/서비스로 고객이 입은 피해를 물질적으로 보상하고 상한 마음을 풀어주기 위해서이다. 사장으로서 이 비용을 아까워해서는 안 된다.

고객과의 손상된 신뢰 관계를 복원하려면 명백한 손해에 대해서 합당한 보상을 하는 게 당연하다. 음식에 문제가 있었다면 새로 음식을 만들어주고 상품에 문제가 있었다면 새 상품으로 교환해 주는 것이다. 나의 경우 음식에서 머리카락이 나왔다는 항의를 받으면 새로 음식을 만들어드리고 음식 값을 받지 않았다. 자신이 요구하지 않았는데도 음식 값을 받지 않겠다는 소리를 들으면 '그래도 사장이 나에게 성의를 표하는구나'라고 느껴서 불만이 누그러지게 된다. 이렇게 되면 대개는 진짜 충성고객이 되어 그 이상을 팔아주려고 노력해 준다.

진짜 무서운 사람들은 자신이 입은 손해를 변상하라고 요구하는 사람들이 아니다. 불만이 있음에도 표현하지 않고 침묵하는 고객들이다. 이들은 해당 상품/서비스를 더 이상 이용하지 않는 것으로 자기 마음을 표현한다. 사장은 고객을 영영 잃어버릴 뿐 아니라 상품/서비스를 개선할 기회까지 놓치게 된다. 다행히도 그레이 컨슈머는 문제점을 지나치지 않고 표현한다. 다소 과장을 하거나 목소리를 높일 수 있겠으나 내가 반드시 알아야 하는 정보를 알려준다.

침묵의 단절자보다는 그레이 컨슈머가 백 번 낫다. 목소리를 높였다고 무조건 블랙 컨슈머, 진상이라고 생각해서는 안 된다. 상대가 그레이 컨슈머라면 절대 포기하지 말고 내 편으로 삼아야 한다. 웬만한 컨설턴트보다 그레이 컨슈머들이 훨씬 더 피가 되고 살이 되는 인사이트를 제공할 수 있다는 걸 기억하자.

매출보다 더 소중히 여겨야 할 것

배달앱을 이용하다 보면 음식 맛이 없어서, 이물질이 나와서, 늦게 배달되어서 등 다양한 이유로 비난과 항의 댓글이 달려 있는 걸 쉽게 발견할 수 있다. 작년에는 새우튀김 환불을 요구하는 고객에 시달린 한 김밥 가게 사장님이 쓰러져 뇌출혈로 사망했다는 언론 보도가 세간을 떠들썩하게 했다. 김밥과 만두 등을 배달 주문한 고객은 새우튀김 세 개 중 한 개의 색깔이 이상하다며 환불을 요구했다. 사장님은 배달앱과의 통화에서 고객이 자신에게 "세상 그따위로 살지 마. 부모가 그렇게 가르쳤어"라고 반말했다고 호소했는데, 고객은 사장님이 먼저 반말했다고 항의하였다.

고객이 원하는 대로 사장님의 사과와 새우튀김의 환불이 이루어졌으나 고객은 음식 값 전체의 환불을 요구했고 앱 리뷰에 '개념 없는 사장'이라는 내용의 댓글과 별점 1점을 남겼다. 고객의 항의가 계속되자 배달앱은 김밥 가게로 수차례 연락하였고 가게 사장님은 통화 중 쓰러져 병원으로 실려 갔다. 진단명은 뇌출혈. 사장님은 쓰러진 지 3주 후 안타깝게도 세상을 떠나고 말았다.

배달앱은 고객의 요구를 중재하기보다 전달하는 데 급급했다. 문제가 없도록 해달라, 조심해달라는 말만 반복하였고 사장이 쓰러져서 의식이 없다는 말을 듣고도 문제가 없도록 해달라는 말을 사장에게 전해달라고 반복했다는 사실이 드러나 시민들의 공분을 샀다. 유가족은 소비자가 해달라는 대로 하면서 꼼짝없이 당할 수밖에 없다면서 억울함을 호소하였다.

이 사건은 블랙 컨슈머의 문제점을 여실히 보여 준다. 사업장을 운영하다 보면 블랙 컨슈머와의 만남은 필연이다. 이들의 항의 목적은 경제적 이득 혹은 분풀이이다. 소비자들이 온라인상의 사업장 정보를 중요시하는 만큼, 평점과 댓글 테러를 무기로 휘두르는 블랙 컨슈머들이 증가하는 추세이다. 이들에게 어떻게 대응하는 게 좋을까.

나의 경우는 '맞춰 준다'가 기본 자세이다. 고객의 항의를 잘 들어준 다음 요구사항을 두 종류로 구분해 대응하였다. 첫 번째는 직접적인 손해에 대한 복구 요구, 두 번째는 기타 신체적 · 정신적 손해에 대한 보상 요구이다. 첫 번째의 경우 적극적으로 맞춰 주겠다는 마음 자세로 대응하였다. 여기에 속하는 고객들은 블랙 컨슈머뿐 아니라 그레이 컨슈머도 존재하므로 감정적으로 대응해서는 안 된다.

자영업자들은 고객을 적으로 돌릴 수 없다. 밖에 나가서 이 가게가 이상하다고 소문을 내고 인터넷에 글을 올리면 큰일이기 때문이다. 이를 염두에 둘 수밖에 없다. 때문에 이들의 분노를 가라앉힐 수 있다면 약간의 서비스를 제공하는 걸 아까워해서는 안 된다. 눈앞의 작은 손해를 보지 않으려고 했다가 문제가 더 커질 수 있다. 2만 원어치 밥을 팔려다가 200만 원 이상의 손실을 입는다면 얼마나 억울한가. 아무리 시절이 바뀌었다고 해도 사업장을 운영하는 이들은 고객 앞에 을일 수밖에 없다는 건 엄연한 현실이다.

요식업에서 일할 때 술 진상을 많이 만났다. 예를 들어 분명히 양주를 가져오라는 주문을 받았고 매니저가 "양주병을 열까요?"라고 확인까지 하였는데, 나중에 계산할 때 "내가 언제? 바가지 씌우네!"라면서 행패를 부리는 손님이다. 매니저를 불러와서 삼자대면해도 절대 아니라고 우기는데, 그러면 장사 없다. 경찰을 불러도 그 고객의 주문 사실을 입증하기가 어렵다.

고객이 계산을 끝끝내 거부하면 하는 수 없이 양주 값을 제하고 나머지 음식 값만 받았다. 그러면서 오늘 양주 값을 받지 않았으니 나중에 또 오시라고, 오시면 양주를 서비스로 드리겠다고 말했다. 공짜 서비스의 유혹에 그 고객은 다시 방문한다. 그러면 약속대로 한 병을 서비스로 내주면서 함께 자리에 앉아 분위기를 띄운다. "아이고 ~ 형님 그때 죄송했어요"라고 한 잔을 따라주면서 기분을 맞춰 주면 고객은 기분이 좋아져서 맨 정신에 술을 더 주문한다. 서비스로 제공한 술 이상의 매출을 올려주기도 한다. 사장이 자세를 낮추고 기분을 잘 맞춰 주면 대개의 경우 상대도 미안한 마음을 갖고 좀 더 팔아주려고 노력한다.

진상을 부리는 이들 중에는 본래 그렇지 않았는데 그날따라 유난히 이상하게 행동하는 고객도 있다. 개인적인 컨디션이나 사건 때문에 일시적으로 '변신'한 것이라고 볼 수 있다. 이때는 몸을 낮춰서 호응해 주면서 부드럽고 친절하게 응대하면 한풀 꺾인다. 자초지종을 알게 되면 이해의 여지가 있다. 이 경우에 강경 대응을 할 필요는 없다.

사실 진상고객의 기분을 맞추는 건 쉬운 일이 아니다. 하지만 장사하는 사람들에게는 고객이 갑이고 내가 을이라는 대명제는 바뀌지 않는다. 특히 동네 장사, 단골 장사일수록 더 그렇다. 나도 마냥 끌려다니지 않기 위해 CCTV를 설치하고 문제 발생 시 확인하거나, 고객이 술에 취하기 전에 주문 내역에 대한 사인을 받는 등 대응책을 마련하였다. 그러나 되도록 고객과의 관계를 유지하는 걸 기본으로 하였다.

아무리 고객을 맞춰 주고 싶어도 도저히 그럴 수 없는 사항이 있다. 바로 위에서 언급한 두 번째 경우이다. 신체적·정신적 손해에 대한 보상 요구 말이다. 그레이 컨슈머들은 자신이 입은 손해를 복구해 주겠다는 제안에 만족하지만, 진짜 진상들은 이 정도로 물러서지 않는다. 새로 음식을 만들어주거나 새 상품으로의 교환 혹은 환불 처리 등으로 부족하다며 정신적 손해에 대한 배상을 요구한다. 음식에 나온 머리카락, 새로 산 상품의 고장으로 우리가 입은 신체적·정신적 손해를 과연 얼마의 금전으로 환산할 수 있을까. 이런 무형적인 영역에의 배상까지 요구하는 이들은 누가 봐도 진상 중의 진상이다. 협의하기가 참 어렵고 어떻게 대응해야 할지도 난감하다.

이런 경우까지 맞춰 줄 필요는 없다고 생각한다. 앞서 말했듯 사람들은 누울 자리라고 여기면 다리를 뻗으려고 한다. 정당한 요구라면 들어줘야 하지만 누가 봐도 지나친 요구까지 수용해 주면 계속 끌려 다닐 수밖에 없다. 다만 똑같이 막말하고 멱살 잡고 싸울 수는 없으므로 지혜로운 대응 방안이 필요하다. 어떤 경우에도 일단 경청해 주고 예의를 갖추면서 차분함을 잃지 말아야 한다.

신체적/정신적 손해가 발생했다고 주장하면 이를 입증할 수 있는 객관적 자료를 요청하도록 하자. 이를테면 진단서 혹은 진료비 영수증이 이에 해당한다. 제3자가 봐도 해당 음식/상품으로 인해 발생한 피해라고 인정할 수 있는 자료를 요청하면, 진상들은 그게 불가능하다는 걸 인지하고 억지 주장을 스스로 포기할 가능성이 높아진다. "내가 누구인지 아는가", "이 사업장을 가만두지 않겠다" 등과 같은 말에 물러서지 말고 친절하되 비굴하지 않게, 기죽지 말고 당당하게 응대하길 권한다.

진상들은 소중한 나의 에너지, 일할 의욕, 타 고객들을 잘 대해줄 마음까지 앗아가 버린다. 손을 쓸 수 없을 정도로 무례한 블랙 컨슈머에 대해서는 예의를 갖추되 단호한 대처가 필요하다. 매출보다 더 소중한 건 나와 직원들의 멘탈이다. 먹고 사는 문제가 중하다고 해도 영혼을 팔 수는 없다.

09

사람의 마음을 잡으려면
몇 개의 명함이 필요할까

내가 원하는 것 vs. 상대가 원하는 것

"처음 만난 사람에게 명함 주지 마세요."

재무설계사들을 상대로 강연할 때 강조하는 말이다. 비즈니스상 첫 미팅일 때 상대에게 명함을 주고 나를 소개하는 건 기본 상식이 자 (요즘 표현으로) '국룰'이다. 그런데 명함을 주지 말라고 하다니, 도 무지 이해할 수 없는 발언이었던 셈이다. 다들 의아한 표정으로 나 를 바라본다. 명함을 주지 않고 나를 어떻게 상대방에게 소개할 수 있을까.

내가 이렇게 말하는 이유는 미팅 때 상대방의 입장을 먼저 고려하는 게 중요하다는 걸 알려주고 싶기 때문이다. 일반적으로 사람들은 보험 명함을 받는 걸 부담스러워한다. 명함을 받는 순간 내가 보험을 가입해 줘야 할 것 같은 부담감에 사로잡히기 때문이다.

한 모임 자리에서 뜻하지 않게 고향 친구를 만났다. 어릴 적 퍽 친했던 사이라 참 반가웠고 서로 아저씨가 된 모습에 신기해했는데, 이런 감정은 그로부터 보험 명함을 받으면서 살짝 바뀌었다. 친구가 뭐라고 한 것도 아닌데 왠지 뒤통수를 긁적거리면서 멋쩍어했다. 다른 이들도 나와 비슷한 생각을 했다고 한다.

꼭 보험 명함뿐이겠는가. 다른 명함들도 마찬가지다. 요식업 명함을 받으면 먹으러 가야 할 것 같고, 상점 명함을 받으면 상품 구매를 해줘야 할 것 같다. 증권회사, 펀드회사, 네트워크 마케팅 관련 명함도 상대방에게 부담을 줄 수 있는 명함들이다. 나도 다양한 직종에 일했던 입장이라 지인들에게 명함을 줄 때 "내가 꼭 가서 매상 좀 올려줄게"라는 말을 들을 때가 많았다. 상대가 나를 배려하는 말에 고맙기도 했지만, 한편으로는 본의 아니게 부담을 준 것 같아 미안할 때도 있었다. 첫 만남 때 명함을 주지 말라는 말은 이와 같은 경험에 의거한 것이다.

명함은 그 이름이 새겨진 사람의 입장을 백퍼센트 반영한다. 즉 '내가 알리고 싶은 나'인 셈이다. 나를 뭔가의 잠재고객으로 바라보는 사람을 만나는 건 언제나 부담스럽다. 그렇게 되면 만남이 두 번, 세 번 이어지기 어렵다. 친분 쌓기도, 비즈니스적 연결도 불가능해진다.

가제트 형사의 만능 팔처럼

어떻게 하면 첫 미팅 때 잠재고객들에게 거부감을 주지 않고 호감을 형성할 수 있을까. 명함을 주지 말고 내 소개를 하지 않는다면 다른 방법은 무엇일까. 효과적인 만남, 지속적인 연결을 위해서는 뻔하디뻔한 방법이 아닌 다른 전략이 필요하다. 그것은 '내가 전달하고자 하는 나'가 아닌 '상대방이 원하는 나'로 나 스스로를 바꾸는 것이다. 상대가 무엇을 원할지를 미리 예측하여 '그러한 나'로서 미팅에 나가는 방법이다.

이를테면 중학생 자녀를 둔 40대 여성을 만난다고 가정하자. 그에게 보험계약을 따내겠다는 목표를 가지고 있다면 이럴 때 보험 명함을 내미는 게 아니라, 진로적성 전문가 명함을 내밀면 훨씬 효과적인 만남이 이뤄질 수 있다. 명함을 본 여성은 자기 자녀의 성적과 진로에 대한 고민을 털어놓을 수 있고 다음번에도 또 만나길 청할 수 있다. 여성의 고민을 경청하고 나름의 해법과 조언을 건네는 미팅이 몇 차례 이뤄지면 여성은 나에 대한 호감과 신뢰를 갖게 된다. 그때까지의 정보를 바탕으로 하여 이 여성에게 필요한 보험을 소개한다. 과연 여성은 어떻게 할까. 보험계약 성사율은 90% 이상일 거라고 확신한다. 첫 미팅 때 보험 명함을 내밀고 내 목적을 늘어놓는 것보다 상대방의 니즈에 맞는 미팅을 수차례 거치는 것이, 상대방의 마음 문을 여는 데 훨씬 더 효과적이다.

이 또한 내가 직접 겪었기에 확신을 갖고 말할 수 있다. 대학교 때부터 취득한 52개의 자격증은 사람들을 만날 때 빛을 발했다. 미팅을 잡으면 만날 상대에 대해 나름대로 분석하여 그가 좋아할 만한 전문가 명함을 가지고 나갔다. 이 명함을 내밀면 처음엔 심드렁했던 상대방의 눈빛이 일순간 반짝인다. 이런 걸 숱하게 경험하였다. 남들도 다 하는 '국룰'을 따르면 과연 상대방의 기억에 인상적으로 남을 수 있을까. 신뢰와 호감을 줄 수 있을까. 불가능하다. 그저 그런 만남 속에 전달받은 명함은 다른 명함들과 뒤섞여 책상 서랍이나 명함집에 들어가 다시는 나오지 못할 가능성이 더 높다.

어릴 적 〈형사 가제트〉라는 만화를 참 좋아했다. 가제트는 인간이지만 여러 가지 도구들이 몸에 이식되어 있어서, 악당을 상대할 때마다 그 도구들을 사용했다. 모자가 열리면 온갖 도구들이 튀어나왔다. 비록 도구를 사용할 때 이상하게 작동되거나 실수를 저지르긴 했지만, 때와 상황에 맞는 도구를 척척 꺼내는 가제트의 모습이 어린 마음에 무척 멋져 보였다. 틈만 나면 "나와라, 가제트 만능 팔~"이라고 외치며 뛰어다녔던 기억이 있다. 나뿐 아니라 동네 친구들이 다들 그랬다.

고객을 만나려면 이런 모습이어야 하지 않을까. 그가 가진 문제를 해결하기 위해 나름의 준비를 하는 것, 비록 완벽하진 않더라도 진심과 정성이 느껴진다면 고객은 마음 문을 활짝 열어젖히게 된다.

나는 고객에 맞춤 서비스를 제공하고 싶은 마음에 12개의 명함을 만들었다. 자격증은 52개였지만 그걸 다 명함으로 만들 순 없어서 공통분모로 묶어서 12개로 정리하였다. 그걸 때와 장소 그리고 만나는 상대에 따라 달리 사용하였다. 예를 들어 행사 MC로서 미팅해야 할 때는 카페바 사장, 결혼식/돌잔치/회사 워크숍 MC 등을 묶어서 만든 명함을 들고 갔다. 건강에 관심이 많은 40대 이상 연령층을 만날 땐 발마사지사/웃음치료사/심리상담사 등의 자격을 묶은 명함을, 교육에 관심이 많은 주부들을 만날 때는 체육사 박사/대학교수/체육교사 이력을 정리한 명함을 제시하였다. 지금은 다시 4개로 정리하여 사용하고 있다. 주요 이력과 경력을 모두 정리한 메인 명함이 하나 그리고 체육사 박사 명함, 축구단 명함, 가게 사장 명함으로 압축하였다.

상대방이 좋아할 만한 전문성을 명함으로 만들라고 강연했을 때, 어느 전업주부께서 "주부들은 전문성이 없어 명함을 만들기 어려워요"라는 질문을 받은 적이 있었다. 이에 '가정 전문가'라고 하면 되지 않겠느냐고 답해주었다. 주부야말로 거의 모든 분야의 전문가 아닌가. 인간관계, 건강, 요리, 자녀교육, 부동산 등 모르는 게 없는 사람들이다. 전문성이 없다고 단정 짓지 말고 내 강점을 발견하여 명함을 만들면 된다.

나의 경우는 관심 있는 분야를 공부하고 일정한 교육과정을 거쳐 자격증을 취득하였다. 자격증이 있으면 전문성과 공신력을 드러내기가 훨씬 유리하다고 생각하여 힘들더라도 그러한 과정을 거쳤다.

사람들은 어떤 만남이든 자기가 가진 목적을 앞세우기 쉽다. 그러나 그런 만남은 상대에게 부담을 주기 마련이다. 만남에 흥미를 잃거나 심한 경우 기피하기도 한다. 만남으로 비즈니스를 만들어가야 하는 입장이라면 이런 사람들의 심리를 극복해야 한다.

가장 좋은 방법은 만남의 목적을 상대방의 욕구를 해결하는 데 두는 것이다. 상대방의 욕구를 먼저 알아준 후 내 목적을 드러낼 때 상대방이 거부감을 넘어 적극적으로 수용해 준다. 그렇기에 목적에 맞는 여러 개의 명함을 준비하는 게 필요하고, 그러려면 그에 맞게 공부해서 자격증을 취득해야 한다. 여기까지 읽은 독자들 중엔 그렇게까지 노력해야 하느냐며 머리를 절레절레 흔드실 수도 있겠다. 물론이다. 이 세상에 땀 흘리지 않고 얻을 수 있는 성공이란 존재하지 않으며, 사람의 마음을 사는 일이란 절대 호락호락하지 않다. 조금 미련해 보여도 정석대로, 원칙대로 과정을 밟아야 사람의 마음을 얻고 성공의 거대한 열매를 딸 수 있다.

최교수 Tips①

충성고객을 만들기 위한 공짜 서비스 전략

- 고객들이 좋아할 만한 서비스 내용을 만들 것.
- 서비스는 풍족할수록 OK!
- 처음, 두 번째, 세 번째 방문으로 이어질수록 서비스가 업그레이드(역삼각형 구조)가 되도록 설정할 것.
- 무료체험의 장점 : 고객들의 재방문 유도, 고객들을 상품에 길들일 수 있음

공짜 서비스를 제공할 때의 주의사항

- 제작 단가가 높지 않을 것.
- 만들기가 비교적 쉬울 것.
- 고객들이 대접받는다는 기분을 느낄 수 있게 가치와 품격을 갖출 것.
- 고객들의 분위기를 잘 살펴서 타이밍 맞게 제공할 것.

고객의 마음을 사로잡는 세일즈 전략

- 철저하게 고객의 입장에서 생각하기.
- 고객이 말하기 전에 선제적으로 대응할 것.
- 경쟁자의 상품/서비스를 무작정 베끼지 말고 고객의 필요와 욕구에 부합하는 안을 고안할 것.
- 고객을 웃길 수 있는 이벤트를 기획할 것.
- 무엇(What)을, 누구에게(To Whom), 어떻게(How), 어디에서(Where), 언제(When) 제공할지 정할 것.
- 고객을 만날 수 있는 최적의 시간대(화요일&수요일&목요일 오후 2시)에 미팅할 것.
- 고객이 원하는 전문가가 될 것(학부모엔 육아/교육 전문가, 어르신께는 건강 전문가).

어떻게 팔까?

고객이 사랑하는 상품의 비밀

- 핵심 기능에 충실함(음식이라면 맛, 상품이라면 성능).
- 사업장의 루틴이 지켜짐(오픈 시간, 폐점 시간, 브레이크 타임, 청결함, 기본세팅).
- 차별화된 매력을 장착함(맛이 특이하다거나, 공간이 특이하다거나).

실패를 줄이는 사업장 운영 전략

- 기존의 아이템이 잘 팔리지 않았다면 과감히 바꿀 것.
- 지금 잘된다고 해도 안주해서는 안 됨.
- 대중의 기호, 트렌드와 계절변화 등 외부요인을 꾸준히 관찰할 것.
- 유행에 따라 사업 아이템을 바꿀 것(그러면 '오픈빨'을 누릴 수 있음).
- 창업 시부터 사업 아이템과 병행이 가능한 아이템 여러 개를 생각해서 인테리어와 기자재를 준비할 것(창업 때 그렇게 하지 못했다면 현재 인테리어와 설비에 맞는 아이템을 찾으면 됨).
- 매출 대비 지나친 고비용의 공짜 서비스를 제공하지 말 것.

진상고객 활용 노하우 및 대응법

- 고객이 진상을 부리는 영역의 서비스를 유심히 살펴보고 문제점을 개선할 것.
- 상식과 예의를 무시하는 블랙 컨슈머엔 미련을 버리되, 그레이 컨슈머를 상품 품질 개선과 서비스 향상에 유용하게 활용할 것.
- 항의고객에게는 직접적 문제 해결에 초점을 맞추고, 약간의 서비스를 추가로 제공해 마음을 달래줄 것
- 신체적/정신적 손해 배상을 요구할 시 객관적인 증빙자료를 정중히 요청할 것.

FA GLOBAL FINANCE OÜ
FA GLOBAL
BK FINANCE LTD

잘나가는 사장의 전략 :
후하고 너그럽게
진심을 드러내기

01

내 편을 만드는
최고의 방법, 스토리

목숨도 살리는 이야기의 힘

절체절명의 위기에 빠진 여인이 있다. 그녀가 맞서 싸워야 할 상대는 그 나라의 왕. 왕은 나라의 처녀들을 불러서 매일 하룻밤씩 동침하고 그다음 날 죽이기를 반복하는 폭군이다. 왕의 무시무시한 살육 행각에 온 나라가 매일 공포에 떨어야 했다.

절대 권력의 소유자가 자신을 죽이려 한다면 이길 방법이 없음에도 그녀는 반드시 목숨을 지켜낼 수 있다고 확신한다. 그녀가 남들보다 힘이 세거나 싸움을 잘해서도 아니지만 남들이 모르는 비기를 하나 가지고 있다. 바로 스토리이다.

그녀는 자신의 목숨이 위협받는 상황에서도 날마다 재미있는 스토리를 들려주면서 왕의 호기심을 유발하였다. 왕은 스토리에 푹 빠졌다. 흥미진진하게 이야기를 듣다가 결정적인 순간에 스토리가 끊어지기에 뒷내용이 궁금하여 여인을 죽일 수 없었다. 왕은 다음 날, 그다음 날도 그녀를 만났고 스토리가 쌓여 갈수록 여인에 대한 애정도 쌓여 갔다. 여인의 아름다움, 지혜로움, 말재주 등에 점점 감화되었던 듯하다. 여인을 만난 지 천일하고도 하루가 지나면서 왕은 폭군의 모습을 버리고 이전의 통치자로서의 면모를 되찾는다. 여인을 왕비로 맞이한 후 과거 잘못을 뉘우치고 나라를 잘 통치했다고 한다.

이 이야기의 주인공이 누구인지 맞힐 수 있을까. 여인의 이름은 세헤라자데, 왕은 페르시아 사산왕조의 샤흐리야르이다. 왕은 왕비가 흑인 노예와 간통을 저지르는 걸 보고 분노하여 두 사람을 죽인후 여성에 대한 혐오감으로 살인 행각을 벌이게 되었다. 그리고 세헤라자데는 재상의 딸로서, 젊은 처녀들이 왕에게 끌려가 죽음을 맞는 걸 알면서도 두려워하지 않고 자청해서 왕의 침실로 들어간 용감한 여인이다.

세헤라자데가 왕에게 들려준 아라비안나이트는 6세기경 아라비아 지역에서 전해 내려오는 설화 모음집이다. 신밧드의 모험, 알라딘의 요술램프, 알리바바와 40인의 도둑 등 우리에게도 잘 알려진 이야기들이 흥미롭게 이어져 있다. 18세기에 프랑스어로 번역된 후 여러 언어로 번역되면서 전 세계로 퍼져나갔다. 오늘날에도 많은 이야기들이 사랑받고 있으며, 영화로도 제작되어 소개되고 있다.

세헤라자데의 이야기는 언제 보아도 참 재미있다. 칼과 창이 아니라, 눈에 보이지 않는 스토리가 목숨을 지켜내고 나라의 혼란을 잠재우는 데 결정적인 역할을 했다는 게 참 놀랍다. 스토리가 가진 힘을 잘 드러내는 데 이 이야기만 한 예시가 또 있을까 싶다. 세헤라자데로부터 스토리의 중요성을 포함해 몇 가지 교훈을 배울 수 있었다.

첫 번째로 설득의 포인트는 언제나 상대방이어야 한다는 점이다. 상대방 입장을 최우선시할 때 아무리 어려운 난제라도 해결의 실마리를 잡을 수 있다. 만약 세헤라자데가 목숨을 건지고 싶다는 생각에 사로잡혀 왕에게 살려달라고 애원했다면 어땠을까. 아내에 대한 배신감에 눈이 멀어 살육을 저지르는 왕의 마음을 움직이지 못했을 것이다. 세헤라자데는 자기 목숨을 보전하고 살육을 멈추고 싶었지만 그것을 왕에게 말하지 않았다. 자기 욕심과 두려움을 내려놓고 왕의 입장을 생각하였고, 어떻게 하면 그의 흥미를 자극하고 관심을 끌어낼 수 있을까를 고민하였다. 스토리는 그 고민 끝에 탄생한 아이디어였던 셈이다. 상대를 설득함에 있어 내가 아닌 상대의 목적을 생각할 때 훨씬 더 좋은 결과를 낼 수 있다는 사실을 잘 보여 준다.

두 번째로 말재주의 중요성이다. 세헤라자데의 승리는 단지 재미난 스토리에만 의지한 게 아니었다. 승리의 대미를 장식한 건 화려한 말재주였다. 왕이 시종일관 흥미를 잃지 않도록 뛰어난 말재주로 스토리의 완급을 조절하고, 스토리가 고조되는 (위기-절정의) 순간에 말을 멈추었다. 처음엔 세헤라자데가 들려주었지만 나중엔 왕이 스토리를 들려달라고 부탁하게 되었다. 말재주의 중요성이 가슴 깊이 느껴지는 대목이다.

말재주가 좋은 사람은 그다지 재미없는 이야기를 흥미진진한 이야기로 둔갑시킨다. 반대로 말재주가 떨어지는 사람은 재미있는 이야기라도 '노잼'으로 뒤바꾸기도 한다. 세헤라자데는 당연히 전자에 해당했다. 말재주가 좋으면 서슬 시퍼런 저승사자도 되돌려 보낼 수 있다.

세 번째로 희망의 중요성이다. 나라 전체를 떠들썩하게 하는 왕의 잔혹함에도 세헤라자데는 그가 바뀔 수 있을 것이라 믿었다. 세헤라자데의 아버지도 딸이 목숨을 잃을 거라고 깊은 시름에 빠졌는데, 정작 당사자는 그렇지 않았다. 왕의 살육을 멈출 수 있다고 믿고 용감하게 도전하였다. 만약 그녀가 희망을 품지 않았다면, 혼자라도 살기 위해 도망쳤다면, 왕이 보낸 군사들에 의해 끝내 목숨을 잃었을 것이다. 계속되는 살육을 멈추지 못해 나라의 불안정은 더욱 심화되었을 것이 분명하다.

샤흐리야르처럼 무시무시한 왕은 아니더라도 대하기 까다로운 상대를 만날 때가 있다. 과연 그가 내 말을 들어줄까. 확신하긴 어렵다. 그러나 위에서 말한 대로 상대방을 설득할 포인트를 잡고 스토리와 언변을 활용한다면 승산을 기대할 수 있을 가능성이 상당히 많다.

고객을 설득할 'My Story'를 찾아라

전도유망한 축구선수였으나 느닷없이 축구를 그만두고 방황하다가 다시 대학에 다니게 되었고, 온갖 아르바이트를 하면서 학비와 생활비를 벌고 있는 청년. 나 때문에 쓰러지신 아버지를 위해서라도 반드시 성공하고 싶은 결의를 다지는 중.

스물한 살, 예전과 다른 세상을 마주하면서 내가 앞세웠던 스토리이다. 서울에 올라와서 전문대학에 편입 형식으로 입학하고 길거리 장사를 결심했지만, 학교의 양해를 얻고 인근 상인들을 설득하려면 어떻게 해야 할지 알 수 없었다. 이제 갓 성인이 되었다고 해도 사회적 경험상 어린아이에 지나지 않았다. 고민을 거듭하다가 일단 부딪쳐 보자고 마음먹었다. 솔직하게 사정을 설명한다면 어른들이니 너그럽게 생각해 주실 수도 있으니까. 이런 대책 없는 자신감으로 한 사람 한 사람 찾아가서 대화를 나누어 보기로 했다.

결과는 성공적이었다. 학교는 물론이고 인근 상인들은 아들뻘인 청년이 와서 자신의 사연을 말하자 귀를 기울여주었다. "저런, 어떻게 그런 일이 다 있냐", "자네가 잘하면 아버지 병도 얼른 나으실 수 있을 거야"라면서 내 이야기에 공감하고 용기를 북돋아주었다. 사실 이는 쉽지 않은 일이었다. 정식 매장을 소유한 상인들 입장에서는 노점이 불편할 수 있다. 먹거리를 판매하는 식당이라면 더욱 그렇다. 후문 바로 앞 노점에서 잉어빵과 어묵을 배불리 먹으면 아래 가게에 들르지 않을 수도 있으므로 식당 업주 입장에서는 고객을 빼앗기는 셈이다. 그렇기에 만약 내 스토리를 말하지 않고 "후문에서 노점을 할 예정이니 양해해 주세요"라고만 했다면 받아주지 않았을 가능성이 훨씬 많았다.

내가 들려드린 스토리로 인해 그분들은 나를 아들인 양 동생인 양 여기며 안쓰러워해 주셨다. 영국 작가이자 비평가인 레베카 웨스트는 "사람이 친구를 사귀는 데는 분명한 과정이 하나 있다. 매번 몇 시간에 걸쳐 이야기를 하고 이야기를 들어주는 것이다."라고 말했다. 내세울 것 하나 없는 처지라 그저 겪었던 일을 말씀드렸을 뿐인데, 상인 분들께서 마음을 열어주시는 걸 보면서 스토리의 위력을 실감할 수 있었다.

수많은 기업과 자영업자들이 고객의 마음을 사로잡는 마케팅 방법을 연구한다. 이때 스토리는 매우 중요한 역할을 한다. 잘 만들어진 스토리는 기업/가게의 이미지를 고객들에게 인상적으로 각인시킨다. 고객들은 스토리로 인하여 기업/가게에 애정을 갖고 신뢰하며, 재차 찾을 수 있게 된다.

반클리프 아펠이라는 시계/주얼리 브랜드가 있다. 이 브랜드는 '진실한 사랑'이라는 철학을 담아 상품을 만든다. 예를 들어 '레이디 아펠 퐁 데 자모르' 시계에서 여성은 시(時), 남성은 분(分)이다. 시간의 흐름에 따라 사랑하는 두 연인은 퐁 데 자르 다리 위에서 짧은 입

맞춤을 하고 헤어지길 반복한다. 셰익스피어의 4대 비극 중 하나인 〈로미오와 줄리엣〉을 모티브로 만든 로미오와 줄리엣 보석 클립도 유명하다. 줄리엣에게 아름다운 꽃다발을 바치는 로미오의 모습이 근사하다. 그런가 하면 구약 성경 속 노아의 방주 이야기를 토대로 만들어진 보석 클립 연작도 있다. 기린, 가젤, 얼룩말, 앵무새 등 60여 쌍의 동물이 화려한 보석으로 재탄생하였다.

독특한 디자인과 그에 걸맞는 스토리는 고객들이 이 상품을 더욱 사고 싶게 만드는 역할을 한다. 반클리프 아펠이 만든 주얼리나 시계는 웬만한 예술작품이 부럽지 않을 정도이다. 스토리를 활용하여 브랜드 가치를 높인 것은 반클리프 아펠이 100년 넘게 명성을 이어갈 수 있었던 힘이다.

기업/자영업자들은 내가 팔아야 할 상품에 어떤 스토리를 입혀야 할지 생각하기 바란다. 스토리를 찾는 건 생각보다 어렵지 않으며, 억지로 꾸밀 필요도 없다. 내가 왜 창업을 하게 되었는지, 어떤 마음으로 상품을 개발했는지, 그때 당시 있었던 에피소드 같은 것들을 떠올려 보면 된다. 사연 없는 사람이 어딨겠느냐는 말처럼 우리 가슴속에는 나름의 경험들이 들어 있다. 이를 꺼내 보자. 그런 얘깃거리에 진정성이 있을수록 고객들은 당신에게 매력을 느낄 것이고, 당신이 발을 떼기도 전에 먼저 다가오게 된다.

02

빈손은
마음을 담을 수 없다

리무진 아닌 버스에 함께 타줄 사람

당신에게 고급 리무진이 있다고 가정하고 그 차를 함께 탈 수 있는 사람을 떠올려 보자. 몇 명의 사람이 생각나는가. 아마도 부지기수로 많을 수 있다. 그렇다면 반대로 당신의 고급 리무진이 망가졌고 그걸 고칠 돈이 없다고 가정해 보자. 그때 당신 곁에 누가 남아 있을까. 아마도 리무진을 탄 나를 우러러봤던 사람들 중 거의 대부분은 내 곁을 떠나 사라질 것이다.

리무진을 탄 내 곁의 친구와 버스를 탄 내 곁의 친구 중 누가 진짜 친구일까. 진짜 친구는 내가 어떤 모습을 하고 있던지 내 곁에 있어

주고 내 아픔과 어려움을 함께 나누고자 하는 사람이다. 망가져 버린 리무진을 고칠 능력이 없어서 울고 있을 때 어깨를 토닥여주면서 위로를 건네고 함께 버스를 타주는 사람이 진정한 친구이다.

이 이야기를 한 사람은 오프라 윈프리이다. 불우한 어린 시절을 딛고 세계적인 방송인으로 성장한 그는 "당신과 리무진을 타고 싶어 하는 사람은 많겠지만, 당신이 진짜 원하는 사람은 리무진이 고장 났을 때 당신과 함께 버스를 타는 사람이다"라는 말을 하면서 진짜 친구에 대한 정의를 제시하였다. 우리는 매일 수많은 사람들과 부대끼면서 전쟁 같은 일상을 살아가고 있다. 현실이 비록 녹록지 않지만 내 마음을 알아주고 함께해 줄 친구가 있다면 세상은 좀 더 살 만한 곳이 될 것이다.

많은 일을 하면서 수많은 사람들과 만났다. 그중에는 스쳐 지나간 인연도 있고 제법 오래간 인연도 있다. 사회적으로 명망 높은 분들, 어마어마한 부를 축적한 분들과도 친분을 이어간다.

이렇게 각양각색의 분들과 인연을 만들어 가는 게 신기한 이들은 "어떻게 그런 분들과 사귈 수 있는가?"라고 묻는다. 혹자는 살면서 내 마음을 알아줄 진짜 친구가 서너 명만 있어도 성공한 것이라고 말하기도 한다. 요즘처럼 SNS로 인연을 쌓아가는 세태에서는 더욱 그런 것 같다. 내가 올린 글이나 사진에 '좋아요'를 눌러준 사람들 중에 힘들 때 연락할 수 있는 사람이 과연 얼마나 될까. 참여 중인 단톡방이 수십 개에 SNS 친구, 팔로워의 숫자가 천 명이 넘어서도 속마음을 나눌 수 있는 이들은 많지 않다.

사업을 하면서 고독감을 많이 느꼈다. 스물한 살 어린 나이부터 홀로서기를 하겠다고 몸부림쳤던 터였다. 아무리 규모가 작아도 사업은 사업이다. 사장 홀로 생각하고 결정하며 책임져야 하는 일들이 많았다. 그럴 때마다 외로움을 느끼지 않았다면 거짓말이다. 그러나 내게는 인생의 중요한 길목마다 좋은 인연이 되어준 인생 선배들이 있었다. 이분들 덕분에 만만찮은 고비를 헤쳐 나갈 수 있었다. 삶의 롤모델, 훌륭한 모범이 되어준 분들을 적시적소에서 만날 수 있었던 것은 하늘에 감사할 일이라 생각한다. 특히 자기 사업을 꾸려가는 이들에게 알토란 같은 조언을 해줄 인생 선배의 존재는 생각보다 퍽 중요하다. 자기 일에서 성공을 거두고 큰돈을 벌고 싶은 이들이라면 먼저 내 주변에 롤모델이 되어줄 만한 친구 혹은 선배가 있는지를 꼭 살펴보길 권한다. 만약 없다면 찾아나서야 한다, 반드시.

롤모델이 없다면 어떻게 찾아야 할까? 쉽지 않다. 솔직히 말해 그분들이 나 같은 사람을 만날 이유가 없지 않은가. 대단한 명사들을 만나기 위해 많은 이들이 줄을 선다. 예컨대 워런 버핏과의 점심식사 가격은 해마다 화제가 된다. 세계적 투자자 워런 버핏은 기부를 위해 해마다 자신과의 점심을 경매에 내거는데, 2022년에는 무려 246억 원에 낙찰되었다. 기부라는 좋은 의미가 있지만, 그보다는 버핏과 만나 투자에 대한 관점, 노하우 등을 직접 듣고 싶어서 해마다 많은 자산가들이 경매에 도전한다. 이처럼 사람은 누구나 자신에게 도움이 되는 사람을 만나길 원한다. 그런데 그분들은 내게 도움이 되지만 나는 그분들에게 도움이 되지 못한다. 만남이 성사될 이유가 없다는 뜻이다. 그런데도 만나고 싶다면? 응당 그에 상응하는 노력이 필요하다. 진심을 담은 노력.

첫 만남은 우연으로 이뤄지는 게 대부분이지만 이후의 인연은 노력으로 만들어 가야 한다. 여기서 노력이란 진심이 담겨 있어야 하고, 유형(有形)적이어야 한다. 빈손으로는 마음을 표현하기가 어렵다는 걸, 진심일수록 유형의 뭔가를 갖춰야 한다는 걸 오랜 경험을 통해 깨달을 수 있었다.

진심을 더욱 '진심답게' 전하는 법

첫 입학했던 대학교를 자퇴한 후 서울에서 어렵사리 전문대학에 편입했을 때였다. 초등학교 4학년 때부터 대학교 1학년까지 축구선수 생활을 하느라 제대로 된 정규수업을 받지 않았기에 학교 수업을 받는 게 너무 어려웠다. 그렇지만 체육교사라는 꿈을 이루기 위해, 다시 주어진 기회를 살리기 위해 악착같이 노력했다. 학교 수업 때마다 맨 앞자리에 앉아서 교수님과 눈을 맞췄다. 과제 발표 땐 다들 조금이라도 늦게 발표하려고 눈치를 봤지만 난 무조건 손을 번쩍 들고 첫 번째로 발표하였다. 잉어빵 노점을 하면서도 수업을 단 한 번도 빼먹지 않았고 지각하지도 않았다. 수업 내용을 이해하지 못하고 시험 때 엉뚱한 답안을 제출하면서도 늘 똘망똘망한 눈빛으로 자리에 앉아 있는 나를 교수님들은 기특하게 봐주셨다. 전문대학을 우등으로 졸업했고 대학교 체육학과 3학년으로 편입한 후 수석으로 졸업하고, 학기 내내 장학금을 받았던 것은 이런 노력을 인정받은 결과가 아닐까 한다.

내 노력은 이외에도 더 있었다. 교수님들에게 내가 최선을 다하고 있다는 걸 보여 드려야 한다는 생각이었다. 평범한 학창 생활을 보내고 대학생이 된 여느 친구들과 달리 너무도 부족하기에 남들보다 몇 배의 정성과 노력을 기울여야 한다고, 그게 당연하다고 생각했다. 그래서 과제를 제출할 때도 남다르게 하였다. 컴퓨터로 작성해서 프린트한 다음에 맨 앞장에 투명 필름지를 정성스럽게 붙였다. 나름대로 교수님에게 격을 갖추고 싶었다. 또한 종강할 때 카드를 사서 "교수님 한 학기 동안 수고 많으셨습니다. 너무 잘 배웠습니다."라고 적은 다음 초콜릿을 붙여서 교수님께 선물하였다. 500원짜리 가나 초콜릿. 돈 없는 학생 신분에 근사한 선물을 준비하기 힘들었지만 그래도 가르쳐주신 분에 대한 고마움과 예의를 갖추고 싶었다. 어렵게 들어온 대학교였고 가뭄 속 단비와 같은 배움이었기에 감사함이 컸다.

어떨 땐 초콜릿을 살 돈이 없기도 하였다. 온갖 아르바이트로 돈을 벌었음에도 학비와 생활비, 장사 밑천을 모두 충당하느라 쪼들릴 때가 많았다. 그럴 땐 교정의 풀숲을 뒤져서 네잎클로버를 찾아서 카드에 붙이고 "교수님께 늘 행운이 함께 하시길"이라고 적었다. 수업 시작 직전까지 찾아 헤매다가 마침내 발견한 네잎클로버를 볼 때의 뿌듯함이란! 교수님들은 내 선물을 별것 아닌 걸로 치부할 수도 있었지만 감사하게도 기쁘게 받아주셨다. 감사 카드는 전문대학을 다닐 때부터 박사학위를 마칠 때까지 15년간 계속하여 만들었다.

대학교 후문 앞에서 잉어빵 장사를 시작할 때도 진심을 무기로 지역 공급사 사장님을 설득하였다. 그때 당시 우리 학교 후문은 일반적으로 번화한 곳이 아니었고 주택가와 떨어져 있는 외진 곳이었다. 잉어빵 노점을 관리하는 지역 사장님 입장에서는 나 때문에 우리 학교 후문에 오는 건 시간 낭비였다. 사장님은 "여긴 거리가 너무 멀어서 물건(잉어빵 식재료) 배달 오기가 힘들다"라고 난색을 표했다. 사장님 입장을 이해할 수 있었지만 절박한 처지였다. 사장님께 꼭 진심을 전하고 싶었다. 마침 고향에서 어머니가 사과 박스를 보내주셨다. 풍기 사과는 품질이 좋기로 유명하다. 박스 안에서 알이 굵고 실하게 생긴 사과를 고르고 골라서 봉지에 담아서 가져다드렸다.

"사장님, 이거 저희 고향에서 어머니가 보내주신 사과에요. 제가 드릴 게 이거밖에 없어요. 사장님께서 도와주시면 저 학교 졸업할 수 있어요."

사장님은 간절한 내 부탁을 받아들여 주셨고 대학교를 졸업할 때까지 총 3년간 잉어빵 식재료를 공급해 주셨다. 대학교를 졸업하고 이틀 후 사장님을 찾아가 정식으로 인사를 드렸다.

"형님, 형님 덕분에 학교를 졸업할 수 있었어요. 진심으로 감사드립니다."

말 그대로 진심이었다. 그분의 도움이 아니었다면 어떻게 학비와 생활비를 벌면서 학교를 다닐 수 있었겠는가. 그 감사함을 말뿐이 아니라 작은 정성으로도 표현하고 싶어서 격을 갖춰 식사를 대접해 드렸다. 잉어빵 지역 공급사 사장님과는 지금도 호형호제하면서 친하게 지내고 있다.

대학교를 졸업하고 동대문에서 만났던 버터구이 오징어 노점 사장님(찡오랑 회장님)의 경우, 첫 만남 후 이틀이 지났을 때 손편지와 함께 풍기 인삼을 한 채 들고 다시 방문하였다. 인삼 역시 어머니가 보내주신 것이었다. 어머니가 때마다 보내주신 인삼 엑기스와 정과 등을 잘 쟁여놓았다가 중요한 인연을 만났을 때 활용했다.

사람의 마음을 얻는 데 엄청난 물질이 필요한 건 아니다. 난 돈이 없어도 500원짜리 초콜릿, 네잎클로버, 사과로 마음을 전했다. 만약 고가의 선물을 했다면 교수님들이나 지역 공급사 사장님을 더욱 부담스럽게 했을지도 모른다. 어쩌면 일언지하에 거절당했을 수 있다. 그래서 마음을 전하는 건 돈의 크기와 상관없다. 내 입장에선 최선이고, 상대가 내 진심을 느낄 수 있는 정도면 충분하다. 그런 작은 유형(有形)의 선물을 곁들이면 말뿐일 때보다 더 좋은 효과가 있다.

마음은 움직이는 거야!

장사 노하우를 얻기 위해 유명한 맛집을 다닐 때의 일이다. 어머니와 딸이 함께 장사하는 식당이었는데, 음식 맛은 끝내줬지만 부사장격인 딸이 참 불친절했다. 장사가 잘 되어서인지 태도가 거만했고 퉁퉁거리는 듯한 말투로 사람들을 응대했다. 잘나가는 식당에 가면 사장님들과 대화하면서 친분을 쌓곤 했는데 그와 친해지긴 쉽지 않을 것 같았다. 그래도 포기하긴 싫었다. 사장이 불친절한데도 식당이 잘 되는 게 얼마나 신기한 일인가. 반드시 노하우를 배우겠다는 일념으로 자주 식당에 방문해 눈도장을 찍었다.

나의 작전은 립서비스였다. 세계 만국 공통, 남녀노소 불문으로 좋아하는 멘트를 장전했다.

"아니, 무슨 일 있으셨어요? 이전보다 살 빠지신 것 같은데. 오늘따라 훨씬 좋아 보이세요."

날씬해 보이고 예뻐 보인다(잘생겨 보인다)는 말을 싫어하는 사람은 없다. 강의나 유튜브 라이브 방송을 할 때 사람들이 "살 빠졌나 봐요. 스타일 너무 좋으세요~"라고 말해 주면 무척 기분이 좋다. 단 600그램도 빠지지 않은 내 몸무게의 현실을 알면서도 말이다.

남 보기에 좋아 보인다는 말을 사양하는 사람은 없기에 이 말로 부사장의 철벽에 부딪치기 시작했다. 처음엔 "무슨 소리예요?"하고 퉁명스레 답하던 그녀는 차츰 "어머 그래요? 별로 안 빠졌는데~"라면서 웃음을 지었다. 다른 고객들에게는 주지 않는 음료 서비스도 내게는 챙겨주었다.

어느 정도 친분이 쌓였다는 판단이 들었을 때 작은 선물을 가져다주었다. 늘 영업을 하는 입장이라 언제 어디서든 고객들에게 줄 수 있는 선물들을 차에 싣고 다닌다. 우산, 미스트, 바디로션, 핸드크림 등과 같이 활용도가 높으면서 선물받는 입장에서 부담이 없는 종류들이다. 어머니와 함께 쓸 수 있는 선물을 챙겨주면서 가게 사정을 물으면 아무 거부감 없이 대화를 나눌 수 있었다. 그 누구에게도 무뚝뚝하고 불친절했던 부사장은 따뜻한 말 한마디와 작은 성의를 담은 선물을 통해서 친절하고 매너 좋은 친구로 변화하였다. 덕분에 확실히 느꼈다. 사람의 마음은 얼마든지 움직이고 변화할 수 있다는 사실을.

지금도 사람을 만날 때 원칙을 지키고 있다. 첫 만남이 이뤄진 지 3일 안에 프로필, 방송영상, 명함 등 중요한 정보를 전송해 드린다. 과거엔 손편지를 썼는데 요즘엔 SNS 메신저가 발달해 그걸 활용하고 있다. 그리고 세 번째 만남 때 진심을 전할 수 있는 선물을 준비한다. 앞서도 말했듯이 가격이 중요한 게 아니라 그 사람에게 지금 필요할 거라고 느껴지는 선물로 준비해 간다. 항상 차 안에 20~30명에게 줄 수 있는 선물을 싣고 다닌다.

성공적인 사회생활을 하고 싶고, 훌륭한 롤모델을 만나고 싶은가.

아니면 고객의 마음을 사고 싶은가. 잉어빵이든, 들꽃이든, 마스크이든 뭐든 좋다. 마음을 표할 수 있는 작은 선물을 준비해 가라. 첫 만남은 뭔가를 준비하기 어렵지만, 준비된 만남은 빈손이어서는 안 된다. 자신과의 만남을 정성스레 준비한 사람을 내치거나 거절하는 사람은 드물다.

이렇게 생각하고 사람을 대하면 만남이 쉬워진다. 그래서 누구를 만나든 어렵게 느껴본 적이 없다. 처지에 맞게 준비하되 거짓 없이 있는 그대로 보여드리겠다고 생각하니까 사람을 만나는 게 어렵지 않았다. 이런 마음가짐의 나를 상대방도 기쁜 마음으로 반겨주었다.

오 헨리가 쓴 소설 〈크리스마스 선물〉은 가난하지만 사랑이 돈독한 부부의 이야기이다. 성탄절을 앞두고 남편 짐은 할아버지로부터 물려받은 고급 시계를 팔아 아내의 선물을 마련한다. 아내 델라 역시 남편에게 줄 선물을 준비하고 싶어서 곱게 기른 머리카락을 잘라 선물을 마련한다. 성탄절 당일, 짐은 아내에게 자랑스럽게 선물을 내민다. 아내의 탐스러운 머리카락에 잘 어울리는 머리빗 세트였고, 아내는 그걸 보고 당황한다. 아내가 준비한 선물은 남편의 고급 시계에 잘 어울리는 시곗줄이었다. 델라는 울음을 터트렸지만 짐은 아내를 달래면서 이야기는 끝이 난다.

두 사람이 가난한 형편에도 선물을 마련한 것은 그만큼 자신의 진심을 보여 주고 싶었기 때문이다. 그리고 이들이 행복한 크리스마스를 맞이할 수 있었던 건 값비싼 선물을 받아서가 아니라, 자신에게 가장 소중한 것도 기꺼이 포기한 상대의 진심을 보았기 때문이다.

마음을 사고 싶은 누군가가 있는가. 그렇다면 그의 입장에서 반가울 수 있는 작은 선물을 생각해 보라. 그것이 당신과 그의 사이를 훨씬 더 가깝고 돈독하게 만들어줄 수 있다.

03

열 번의 도끼질,
횟수보다 더 중요한 것

이성 vs. 감성, 어느 쪽이 더 셀까

"결정의 90%는 감성에 근거한다. 감성을 동기로 작동한 다음 행동을
정당화하기 위해 논리를 적용한다. 그러므로 설득을 시도하려면 감
성을 지배해야 한다."

미국의 저명한 심리학 박사 데이비드 J. 리버만의 말이다. 어디선
가 봤는데 그때부터 마음 깊이 담아두었다. 살아가면서 이 말이 진리
라는 걸 자주 느낀다. 많은 이들이 상대를 내 편으로 만들고자 논리
적인 말하기를 궁리하고 시도하지만, 정작 결정적인 한방은 이성이
아닌 감성에 있는 것 같다.

감성이 대중을 설득하는 데 대단히 효과적이라는 건 2차대전을 일으킨 원흉이자 유대인 대학살로 악명 높은 히틀러의 연설문을 봐도 알 수 있다. 역사적 평가와는 별개로 그가 대중을 자기 편으로 만드는 데 뛰어난 능력이 있었다는 사실을 많은 연구가들이 인정하고 있다. 히틀러의 연설문은 팩트를 앞세워 논리적으로 구성되어 있으면서 결정적 순간에 감성을 자극하는 방식으로, 당시 그의 연설을 듣고 많은 이들이 끓어오르는 감정을 느꼈다고 고백하였다. 상대를 설득하고 내 편으로 만들어야 하는 사장들은 감성을 활용한 설득 전략을 살펴볼 필요가 있다.

솔직히 고백하건대 나는 설득의 대가는 아니지만 욕심껏 일을 벌이다 보니 상대를 설득해야 할 때가 많았다. 그때마다 온갖 방법을 동원해 상대와 대화했는데 논리를 앞세운 썰보다 감성을 움직이는 한방이 주요한 역할을 한다는 걸 확인할 수 있었다.

서울에 올라와 전문대학에 편입한 후 학비와 생활비를 벌기 위해 잉어빵 노점을 하기로 하였다. 학교 측에서는 너그러운 마음으로 후문 쪽에서 장사하라고 허락해 주었다. 후문과 가장 가까운 곳에 위치한 상점과 식당 주인들께서도 후한 마음으로 허락해 주셨다.

그런데 웬걸, 학교 경비 아저씨가 반대하고 나섰다. 모두들 찬성해 주고 격려까지 해주는 마당에 경비 아저씨 홀로 반대라니 당황스러웠다. 그분은 학교 내에서 깐깐하기로 유명했다. 학교의 허락을 받았다고 했는데도 막무가내였다. 인근 상가 식당 사장님은 "경비 아저씨가 대단한 성격이라 학생들도 힘들어할 정도"라면서 귀뜸해 주었다.

경비 아저씨는 내가 노점을 차리고 손님들이 오가는 와중에 수시로 찾아와 장사하지 말라고 목청 높여 소리를 질렀다. 살길이 이 길뿐이라 절박했기에 경비 아저씨를 외면하고 장사를 강행했지만 너무 힘들었다. 축구선수로 살다가 그만두고 다시 대학생이 되어서 공부하려는데 학비가 모자라서 노점을 하는 거라고 내 사연을 말씀드렸지만 아랑곳하지 않았다. 다른 분들은 내 사연을 듣고 격려를 해주셨는데 경비 아저씨는 그게 자신과 무슨 상관이냐면서 소리를 질렀다. 더 이상 말이 통하지 않을 것 같았다. 체념하는 마음으로 아저씨가 와서 말을 걸고 고함을 질러도 대꾸하지 않았다.

무심하게 시간이 흘러 겨울이 되었다. 어느 날 폭설이 엄청나게 쏟아졌다. 다음 날 아침 일찍 일어나서 후문에 쌓인 눈을 빗자루질로 말끔히 치웠다. 매일 새벽 운동을 했던 터라 운동하는 셈 치고 했고, 한편으로는 내가 안 치우면 누군가 치워야 할 텐데 힘들 것 같았다. 눈이 수북하게 쌓인 길을 사람들이 지나가다가 다칠 수 있다는 생각도 들었다. 그래서 후문부터 아래쪽 대로변에 이르기까지 수백 미터를 홀로 빗자루로 쓸어서 눈을 치운 다음 장사를 했다. 그날따라 경비 아저씨가 찾아오지 않았고, 잉어빵도 잘 팔렸다.

다음 날, 그다음 날에도 경비 아저씨는 오지 않았다. 웬일일까. 이상하기도 하고 궁금하기도 했는데, 인근의 식당 사장님이 나에게 찾아왔다. 며칠 전 누가 눈을 치운 건지 경비 아저씨가 궁금해 하길래 자신이 "잉어빵 청년이 한 거다"라고 알려주었다고 했다. 겨울에 폭설이 쏟아지면 온종일 눈을 치우느라 고생했던 경비 아저씨는 그토록 고된 일을 늘 자신에게 욕을 먹던 청년이 대신해 줬다는 사실에 마음이 누그러졌던 모양이다.

사장님으로부터 이야기를 듣고 나서 따끈따끈한 잉어빵 네 마리를 봉투에 담아서 그날 바로 경비실을 찾아갔다. 아저씨는 "야, 가져가!"라고 소리쳤지만, 머리를 꾸벅 숙이고 그냥 나와 버렸다. 그날부터 쭉 아저씨가 퇴근하시기 전에 잉어빵 네 마리를 가져다드렸다. 아저씨의 인사는 "가져가!"에서 "잘 먹을게"로 바뀌었다. 경비 아저씨는 나중에 노점을 찾아와서 학교에서 사용하는 대형 쓰레기봉투를 건네면서 여기에 쓰레기를 담아 경비실 앞에 놔두면 치워주겠다는 호의까지 베풀어주셨다.

그동안 온갖 설득에도 변하지 않았던 경비 아저씨는 자신을 배려한 내 행동에 마음이 움직였다. 때마다 쌓인 눈과 낙엽을 치웠던 행동 그리고 아낌없이 나눠드린 잉어빵은 강퍅한 아저씨의 마음에 따뜻한 봄바람을 일으켰다. 아무도 눈여겨보지 않았던 아저씨의 고충을 내가 알아봐 주었다는 게 위로가 되었을 것 같다. 만약 내가 힘들게 공부하는 학생임을 앞세워 배려받길 주장하기보다, 아저씨가 어떤 부분에 어려움을 겪고 있는지를 먼저 살펴보았더라면 보다 빠른 변화를 만들었을지도 모르겠다. 설득을 하는 데 있어 내 입장을 강요하기보다 상대의 감정을 만져주는 게 훨씬 더 효과적이라는 걸 이때 확실히 배울 수 있었다.

사업상 거래처를 만날 때, 계약을 앞두고 있을 때, 눈앞의 고객을 충성고객으로 만들고 싶을 때, 이 모든 경우에 있어서 논리는 중요하다. 여기에 상대의 감성을 어루만지는 방법을 배합했을 때 설득하기가 훨씬 쉽다는 걸 잊지 말아야 한다.

용궁에 붙들려간 토끼가 목숨을 건질 수 있었던 건

토끼와 별주부의 한판 승부가 담긴 〈별주부전〉은 오래전부터 내려오는 설화이다. 작자와 연대 미상으로, 조선 후기에 와서 판소리계 소설로 정리되었다. 우리 역사에서의 최초 기록은 〈삼국사기(三國史記)〉의 「김유신전(金庾信傳)」의 구토지설(龜兎之說)이다. 김춘추는 고구려와 동맹을 맺기 위해 고구려로 가서 연개소문을 만났다가 협상이 잘 되지 않은 상태에서 감옥에 갇히는데, 고구려 신하에게 사정해 얻은 구토지설 책을 보고 연개소문에게 "진흥왕 때 빼앗은 땅을 돌려달라는 고구려의 요구를 신라 왕에게 잘 전달하겠다"고 말해서 빠져나올 수 있었다. 후일 태종무열왕이 되어 삼국통일의 토대를 만들게 될 김춘추의 목숨을 살린 별주부전을 살펴보면, 어떻게 해야 상대를 내 생각대로 변화하게 할 수 있는지 설득 전략을 배울 수 있다.

남해를 다스리는 용왕이 병을 얻었다. 병은 갈수록 심해졌는데 어느 날 신선이 나타나서 용왕을 진찰하고는 토끼 생간을 먹으면 병이 나을 수 있다고 말해 주었다. 용왕은 신하들에게 토끼를 잡아오라고 명령하지만 모두들 육지에 대해 아는 바가 없어서 쭈뼛거릴 뿐이었다. 그때 별주부가 자청하여 토끼의 간을 구하겠다고 나섰다. 별주부는 화공에게 토끼 그림을 받아서 육지로 떠났다.

육지에 오른 별주부는 오래지 않아 토끼를 만났고, 토끼에게 바닷속 용왕국에 가면 높은 벼슬을 얻을 수 있다는 말로 꾀었다. 토끼는 별주부와 함께 용궁으로 향했다. 그런데 막상 가보니 아픈 용왕을 위해 토끼의 간이 필요해서 자신을 꾀여 데려온 사실을 알게 되었다.

토끼는 당황하지 않고 "육지 동물들은 누구나 간을 넣었다가 뺐다가 할 수 있는데, 마침 이런 일이 있을 줄 모르고 간을 빼놓은 상태이므로 돌려 보내주면 간을 찾아서 용왕님께 바치겠습니다"라고 거짓말을 한다. 아무것도 모르는 별주부는 육지에 토끼를 데려다주었고, 토끼는 "어떤 동물이 간을 빼놓고 살 수가 있느냐"라고 호통을 치고 사라졌다. 임무에 실패한 별주부는 스스로 목숨을 끊으려 하는데 갑자기 나타난 도인에게 약을 얻어서 용궁으로 돌아가 용왕에게 약을 바친다. 약을 먹은 용왕이 쾌차하고 모두가 해피엔딩을 맞는다.

꼼짝없이 죽을 수밖에 없었던 토끼는 어떻게 무사히 용궁에서 빠져나올 수 있었을까. 한 번도 가본 적이 없는 용궁이란 낯선 곳, 모두가 자신의 간을 노리는 적(敵)인 상황에서 말이다. 토끼는 흥분하며 살려달라고 애걸하기보다 침착하게 상대를 설득할 묘수를 고민하였고, 그 방법을 찾았다. 깊은 바닷속에 사는 용왕과 신하들이 육지 사정에 어둡다는 사실을 공략해 "육지 동물은 간을 넣고 빼기를 자유롭게 할 수 있다"는 기상천외한 거짓말을 지어냈다. 토끼가 어떻게 생겼는지도 몰라 그림을 보고서 찾을 정도로 무지한 용궁 신하들은 속을 수밖에 없었다. 무지를 겨냥한 토끼의 전략은 적중했고 무사히 적진을 빠져나올 수 있었다. 토끼처럼 전략을 잘 세운다면 아무리 어려운 상대도 설득할 수 있고, 위기 상황에서도 능히 살아날 수 있다.

그간 만났던 이들 중 가장 설득하기 어려웠던 상대가 있었다. 토끼가 상대했던 용왕처럼 높고 높은 곳에 위치해 만나기도 힘들었던 분이었다. 그분을 상대로 설득에 설득을 거듭한 끝에 마침내 원하는 걸 얻어낼 수 있었다.

대학교를 졸업하고 새로운 노점 아이템을 찾아다니다가 동대문에서 버터구이 노점 사장님을 만나 기술을 전수받은 다음 장사할 곳을 물색할 때였다. 서울 지하철역 중에서 노점들이 즐비하게 장사하고 있는 한 곳을 점찍었다. 가끔 친구들과 지나던 곳이기도 했는데 유동인구가 무척 많아서 그곳에서 장사하면 틀림없이 안정적인 수익을 얻을 것이라는 기대가 되었다.

옥수수 노점을 하는 왜소증 사장님에게 여기서 장사하고 싶은데 어떻게 하면 될지 물어보았다. 단골로 다니면서 친분을 쌓았던 터라 사장님은 솔직하게 그곳 사정을 알려주셨다. 권리금이 비싼 곳이라 굉장히 많은 돈이 필요하다고. 누가 관리하는지 여쭤보니 대모라고 불리는 분이 있다고 했다. 옥수수 노점 사장님에게 대모가 언제 나오는지를 들은 다음 때맞춰 찾아왔다. 휠체어를 탄 대모의 곁에 덩치가 큰 깍두기 아저씨들이 호위하듯 서 있었다. 덮어놓고 인사부터 했다.

"누구지? 처음 보는데?"

"저는 대학교를 졸업하고 대학원에 합격한 학생입니다. 대학 때도 노점해서 학비를 벌었고 지금도 대학원 학비를 벌어야 해서 여기서 장사하고 싶습니다. 구석 자리라도 내주시면 버터구이 오징어 장사를 하고 싶습니다."

"그냥 가."

대모는 일언지하에 거절하고 가버렸다. 이게 첫 만남이었다. 대모의 말투와 표정이 너무 서늘해서 차마 그 뒤를 따라갈 수 없었다. 깍두기 아저씨들의 고압적인 표정에도 기가 죽었다. 그대로 집에 돌아왔다. 곰곰이 생각해 보았지만 겨우 이 정도로 포기할 순 없었다.

다시 찾아갔다. 이번에는 내 사연이 소개된 잡지를 들고서였다. 중고등학교 때 이동국 선수와 같이 뛴 축구선수였는데 축구를 그만두고 대학생 때 노점하면서 봉사활동을 펼치는 청년이라고 소개된 기사였다. 대모에게 인사하자 "누구?"라는 질문이 돌아왔다. 전혀 나를 기억하지 못하는 눈치였다.

"며칠 전에 인사드렸던 학생입니다. 여기서 장사하고 싶어서요."

"안 돼. 여기는 비싸. 돈 내고 들어와야 해."

"조금만 도와주시길 부탁드립니다. 구석이라도, 저쪽 건너편이라도 괜찮아요. 진짜 절실하거든요."

"안 돼."

바늘도 들어가지 않을 단단함이 느껴졌다. 더 이상 말하지 않고 준비해온 잡지를 내밀었다. 내 스토리가 소개된 책이니 한번 읽어달라고. 잡지를 전한 후 뒤돌아섰다. 두 번째 실패였다.

세 번째로 찾아가기 전에 옥수수 노점상 사장님을 만나서 다시 한번 대모에 대해 물었다. 대모를 도저히 설득할 방법이 없는지를. 사장님은 고개를 가로저으며 다른 사람들이 거액의 권리금을 내고 자리를 얻었는데 나에게만 공짜를 해줄 수 없을 거라고 말했다. 내게는 그런 거액의 돈이 없었다.

"좋은 방법이 없을까요?"

"없어. 그분이 하라면 할 수 있고 하지 말라면 할 수 없어. 여기서는 그분이 대통령이니까."

포기하고 다른 자리를 찾아나서는 게 나을 텐데 이상하게도 그런 생각이 들지 않았다. 절실함 아니면 오기였을까. 잘 모르겠다. 무조건 대모를 설득하고 싶었다. 노점상 사장님에게 대모가 좋아하는 음식이 뭔지를 물었고 떡을 좋아한다는 걸 알게 되었다.

세 번째로 찾아갈 때 꿀떡을 가져갔다. 대모는 나를 알아보았다. 왜 또 왔냐는 질문에 떡을 좋아하신다고 해서 가져왔다고 하면서 떡만 건넸다. 그러고는 꾸벅 머리를 숙여 인사하고 뒤돌아서 왔다. 자리를 내달라는 사정을 하지 않았다.

네 번째 만남 때는 대학원 합격증을 가져갔다. 대학원을 졸업하면 내가 꿈꾸던 대로 체육 교사가 될 수 있는데 학비를 벌려면 장사를 해야 한다고 말했다. 다시 한 번 사정한 것이다.

"왜 자꾸 그러냐. 입장 난처하게."

또다시 거절이었다. 그러나 첫 만남과는 달리 미묘한 감정 변화가 느껴졌다. 아주 작은 희망이 보였다. 그래, 좀 더 해 보자. 될 때까지.

대모를 찾아갈 때마다 설득의 논리를 달리 준비했다. 도와주세요, 불쌍한 학생이잖아요, 이런 호소만으로는 안 된다는 걸 알았고, 한가지 논리를 주야장천 반복하는 건 듣는 입장에서 지겨울 거라고 생각해서였다.

'열 번 찍어서 안 넘어가는 나무가 없다'는 속담이 있다. 여기서 중요한 건 단지 열 번이라는 횟수가 아니라고 생각한다. 도끼질을 무작정 많이 한다고 거대한 아름드리나무를 꺾을 수 있을까. 횟수보다는 어떤 방법으로, 어떤 각도로 나무를 찍어대느냐가 더 중요하다. 첫 번째부터 네 번째까지 다양한 방법으로 공략함으로써 대모는 미세하게나마 흔들리고 있었다.

가다가 돌이키면 아니함만 못하리니

다섯 번째의 만남을 앞두고 풍기 인삼을 준비했다. 고향의 어머니가 보내주신 것이었다. 내가 가진 것들 중에서 가장 대모의 마음에 들수 있는 선물이라 판단하였다. 대모의 흔들림을 느꼈기 때문에 그날은 발걸음에 힘이 실렸다.

"이 새끼 앞으로 내 앞에 얼씬거리게 하지 마!"

대모는 내가 건넨 인삼을 받자마자 던져버렸다. 싸늘한 냉기에 등골이 오싹해졌다. 대모가 달라졌다고 생각한 건 완벽한 착각이었다. 기대했기에 좌절감이 컸고 많은 이들 앞에서 개망신을 당했다는 사실에 얼굴을 들기도 힘들었다.

완전히 풀이 죽어서 옥수수 노점상 사장님을 만났다. 사장님은 오늘 뭐 하러 왔냐면서 타이밍이 안 좋았다고 말해 주었다. 그날 구청에서 노점상 단속이 나왔고 노점 상인들이 거리에 드러눕고 구르는 등 격렬하게 저항하는 시위가 있었다고 했다. 사장님의 설명을 듣고 나서야 대모의 행동을 이해할 수 있었다. 그날 가뜩이나 불이 활활 붙은 곳에 휘발유를 부은 것이었다. 설득할 땐 타이밍도 중요한데 전혀 맞추지 못했던 셈이다.

어떻게 해야 할까. 큰 망신을 당한 데다 분노까지 샀으니 더 발걸음을 하기가 두려웠다. 며칠 고민하던 중에 불현듯 삼국지에서 읽은 유비의 이야기가 떠올랐다. 고등학교 때 누나가 "성공하고픈 사람이라면 삼국지를 꼭 읽어야 한다"면서 전집을 사주어 푹 빠져 읽었는데 그때 봤던 유비와 어느 노인의 일화가 생각났다.

어느 날 유비는 길을 가다가 강이 나오기에 건너갔다. 그때 어디선가 "거기 귀가 큰 놈아"라는 소리가 들려서 돌아보니 강 건너편에 노인이 앉아 있었다. 노인은 자신을 데리고 강을 건너달라며 호통을 쳤다. 유비는 이왕 몸이 젖은 상태이고 어른의 말씀이니 들어야 한다는 생각에 강을 건너가서 노인을 업고 강을 다시 건너왔다. 노인에게 인사를 하고 길을 떠나려는데 노인은 "건너편에 보따리를 두고 왔으니 다시 나를 업어서 데려다줘라"라고 하는 것이었다. 유비는 자신이 가서 보따리를 가져오겠다고 했지만, 노인은 자신을 업고 가라면서 고집을 부렸다.

어떻게 해야 할까. 잠시 고민하던 유비는 노인의 말대로 업고 가서 보따리를 가지고 강을 건넜다. 유비의 등에서 내려온 노인은 유비에게 왜 싫은 소리 한 번 없이 자기 부탁을 들어줬는지를 물었다. 유비는 만약 노인의 마지막 부탁을 거절했다면 앞서 강을 두 번 건넜던 수고가 허사가 된다고 생각했다고 답했다. 노인은 유비를 크게 칭찬하고는 어떻게 세상을 살아가면 성공할 수 있는지 지혜를 알려주었다.

내 상황도 마찬가지라는 생각이 들었다. 매몰차게 거절당했다고 이제 와서 포기한다면 그동안 네 번의 시도가 헛일이 된다. 중간에 포기하면 유종의 미를 거두기 어렵다. 가던 길을 돌이키면 아니함만 못한 법이다. 그래서 결심했다. 다시 찾아가기로.

여섯 번째 방문은 허탕을 쳤다. 대신에 대모가 자리를 비웠다는 사실을 알게 되었다. 몸이 안 좋아서 병원에 입원했단다. 대모에게 줄 선물을 준비한 다음 입원한 병원으로 찾아갔다. 일곱 번째 방문이었다. 늘 그분 옆을 지키고 있던 깍두기 아저씨들은 나를 보고 놀라는 기색이 역력했다. 대모 역시 마찬가지였다.

"너 대단하구나. 내가 여기 있는 건 어떻게 알았니?"

"옥수수 노점상 사장님이 알려주셔서 왔습니다. 몸은 좀 괜찮으세요? 전에 뵈었을 때 활동량이 많으시던데 체육복을 입으시면 편하실 거 같아서 하나 사 왔습니다."

내가 준비한 선물은 체육복이었다. 그걸 내미니 대모는 선뜻 받아서 환자복 위로 상의를 겹쳐 입었다. "잘 어울리니?"라면서 깍두기 아저씨들에게 물어보았고 기분 좋은 웃음을 지었다.

"며칠 뒤에 퇴원하니까 한 번 와라."

대모가 퇴원하고 나서 약속된 날에 찾아갔다. 여덟 번째 만남이었다. 대모는 자신이 관리하고 있는 노점 거리에서 가장 가운뎃자리를 가리키며 내 자리를 만들라고 지시하였다. 깍두기 아저씨들이 안 된다고 반대하자 "왜 안 돼? 끼워 넣어."라고 재차 말했다. 분위기가 순식간에 얼어붙는 걸 보고 내가 나서서 가장 좋은 자리 말고 길 건너편의 한갓진 구석 자리를 요청하였다. 욕심을 부려서는 안 된다고 생각했다. 대모는 허락했다. '삼고초려'가 아닌 '팔고초려'라고 해야 할까. 거액의 권리금 없이도 마침내 자리를 얻어냈다.

　지금 와서 생각해 보면 거절에도 포기하지 않았던 끈기, 매번 달랐던 설득 전략 외에 일곱 번째 만남이 결정적인 역할을 했다고 본다. 몸이 아플 때 찾아가 위로하고 선물을 건넨 감성 전략이 대모의 마음을 흔들어놓지 않았을까. 또한 병원이 다른 이들의 이목에서 비교적 자유로운 곳이었다는 점도 한몫했던 것 같다. 다른 만남들은 지켜보는 눈이 많았던 대로에서 이뤄졌다. 아무리 내 사정이 딱하다고 해도 고비용을 내고 자리를 얻은 노점상들 앞에서 공짜로 자리를 내주는 건 어려운 일이었다.

　대모가 좋은 자리를 내주겠다고 할 때 거절하고 구석 자리를 택한 것은 다른 노점상들과의 마찰을 피하기 위해서였다. 장사를 잘하려면 주변 상인들과의 협력관계가 중요하다. 안 그래도 권리금 없이 자리를 얻은 주제에 더 좋은 곳을 차지하겠다고 욕심까지 부린다면 눈엣가시가 되었을지도 모른다. 관계를 잘 쌓기 위해서는 적정선을 지킬 줄 알아야 한다.

　그곳에서 버터구이 오징어를 팔면서 대학원에 다녔다. 나중에 노점 사장님 중 한 분이 나를 쫓아내야 한다고 끊임없이 선동해서 결국 그곳에서의 장사를 포기했다. 그때까지는 제법 수익을 올렸고 주변 분들과도 잘 지냈다. 나를 쫓아냈던 그분은 내 자리를 차지했고 내가 했던 버터구이 오징어 노점(찡오랑 아닌 다른 버터구이 오징어였음)을 똑같이 했다. 씁쓸했으나 더 욕심내지 않고 대학가 근처로 가서 노점을 계속했다.

이때의 일이 인생에서 가장 길고 고된 설득 경험이었다. 이후에 누구를 만나도 자신 있게 대하고 말할 수 있게 된 토대가 되었다. 세계적인 발명왕 토머스 A. 에디슨은 "인생에서 실패한 사람 중 다수는 성공을 목전에 두고도 모른 채 포기한 이들이다"는 말을 남겼다. 아무리 설득하기 어려운 상대라 해도 빈틈이 있기 마련이다. 포기하지 말고 매달려 끝끝내 짜릿한 성취를 맛보길 바란다.

인맥의 크기만큼
성공한다

사람에게서 얻은 정보의 가치

미국에 본사를 둔 보스턴컨설팅그룹(BCG)은 세계적인 전략 경영 컨설팅 회사이다. 1963년에 하버드 비즈니스 스쿨 출신인 브루스 D. 헨더슨이 설립하였다. 세계 최초로 '전략'이라는 개념을 경영에 도입한 것으로 유명하다. 전 세계 수십 개국에 사무소가 있으며 2만5천여 명의 컨설턴트들이 활동(2022년 기준)하고 있다.

호리 고이치는 보스턴컨설팅그룹의 평사원으로 출발하여 연봉 20억 원의 CEO까지 올라선 입지전적인 인물이다. 그는 여러 권의 책을 집필했는데 그중에서 나는 〈인맥의 크기만큼 성공한다〉는 책으로 그에 대해 알게 되었다. 그는 이 책에서 좋은 인맥의 중요성을 강조했다.

실제로 그는 영화감독, 정·재계 인사 등 다양하고 폭넓은 인맥 네트워크를 보유하고 있는데, 낯선 타국에서 글로벌기업의 CEO로 성공할 수 있었던 비결이 바로 좋은 인맥이라고 했다. 읽은 지 오래된 책이라 내용이 다 기억나진 않지만 이것 하나는 분명하게 머릿속에 박혀 있다. 어디에 있는 누구를 얼마나 알고 있는지가 미래를 좌우한다는 것. 좋은 사람을 만나면 좋은 길이 열리고 나쁜 사람을 만나면 나쁜 길이 열린다. 다양한 직업을 통해 수많은 사람을 만나본 나로서는 호리 고이치의 말에 공감하지 않을 수 없다.

풋내기 시절부터 인맥의 중요성을 절감했기에 지금도 인맥관리는 가장 중요한 비중을 차지하고 있다. 인맥관리를 통해 새로운 일을 만들고 사업을 엮는다. 일상 루틴을 잠시 소개하자면 일주일 중 3일 정도를 나에게 투자한다. 운동하고, 먹고, 자고, 좋아하는 영화나 드라마를 보는 등 신체와 정신 모두에 휴식을 부여한다. 반면 일주일 중 4일은 마치 40일처럼 일하는데, 비가 오나 눈이 오나 2~3일은 사람을 만난다. 약속이 없다면 만들어서라도 밖으로 나간다. 되도록 새로운 사람들과의 만남을 추구한다.

사업적으로 성공하고 싶은 사람일수록 익숙한 이들과의 어울림이 아니라 새로운 만남을 추구할 것을 권한다. 같은 사람들하고 계속 만나면 인맥 확장이 될 수 없다. 새로운 사람들과의 만남 속에서 인맥이 더 발전하고 새로운 정보를 얻을 수 있다. 나 역시 미팅을 갖다 보면 그 자리에서 결혼식이나 돌잔치 사회 등 일거리가 들어왔다. 약속을 자꾸 만들 수밖에 없는 것이다.

만날 사람이 없다면 자주 만나던 사람이라도 만나서 술 한 잔이든 식사든 함께한다. 집에 있는 것보다는 그게 나으니까. 어제 만난 사람을 오늘 만나도 새로운 정보, 이야기를 얻을 수 있다. 친구를 만나서 밥을 먹으면서 얘기하다가 일거리를 받은 적도 있다. 축구 레슨을 알아보는 부모들이 있는데 그 수업을 맡을 수 있느냐는 거다.

이처럼 사람과의 만남 속에서 살아 있는 정보, 즉각적인 활용이 가능한 정보를 얻을 수 있다. 그래서 책상에 앉아 인터넷 서핑으로 찾은 정보보다 사람을 통해 얻은 정보가 훨씬 가치 있다고 생각한다. 책상 앞 정보는 이미 트렌드를 지난 것도 많아서 거르고 버려야 할 게 적잖은데, 사람에게서 나오는 정보는 버릴 게 없다. 내가 알고 있는 사업가들 모두 대단한 인맥을 자랑한다. 직군을 가리지 않고 사람을 사귀며, 이왕이면 자신에게 도움이 되고 배울 점이 있는 이들을 만나려고 노력한다.

쟁취하려는 자는 움직인다

인맥을 확장하려면 적극성이 있어야 한다. 특히 회식 자리를 활용하라고 말해 주고 싶다. 호리 고이치도 "대부분의 인맥은 낮보다 밤에 형성된다"라고 말하였다. 사회 초년병들은 회식 자리를 부담스러워하고 '라떼(나 때)는 말이야~'를 읊어대는 꼰대들을 위한 자리로 인식하기 쉽지만, 그렇지 않다. 회식 자리는 상사 혹은 윗사람에게 인정받고 낯선 이들과 어색함 없이 어울릴 수 있는 기회가 된다.

나는 행사 MC를 많이 맡는다. 대개 행사가 진행되고 나면 참가자들과 주최자들이 함께 모여 뒤풀이 자리를 갖는 편이다. 두 시간 넘게 진행되는 뒤풀이에서 한 자리에 20분 이상 앉지 않는 사람은 나밖에 없다. 거의 모든 사람들이 처음 앉은 자리를 지키고 있다. 한두 번 테이블을 옮겼다가도 다시 제자리로 돌아온다. 나처럼 물 만난 고기처럼 테이블 사이를 헤집고 다니는 이를 찾아보긴 힘들다.

회식 자리를 누비고 다니는 이유는 그 자리가 인맥을 확장하기에 가장 유용하기 때문이다. 우선적으로 공략하는 대상은 행사를 연 주최 측 인사들이다. 회사 경영진, 지자체 공무원, 연예기획사 대표 등 영향력 있는 인물들이 다수인데, 이들에게 찾아가 잔과 함께 말을 건넨다. 일을 마치고 갖는 회식의 특성상 모두가 긴장이 풀어져 느슨해져 있어서 대체적으로 반응이 좋은 편이다. 행사 MC라는 역할상 그 자리에서 나를 모르는 이는 없기에 소개하기도 수월하다.

회식 자리를 누비고 다니기가 부끄럽다면 처음 자리를 잡을 때 황금 자리를 잡는 게 좋겠다. 여기서 황금 자리란 앞서 말한 영향력 있는 인물들이 포진해 있는 테이블을 말한다. 대표를 포함한 경영진, 상급자들, 사회 유명인들 말이다. 이들과 한 테이블에 앉기를 꺼리고 친한 이들과 떼지어 자리를 잡고 자기들끼리의 파티를 벌이는 건, 굴러들어온 기회를 발로 걷어차는 것과 다르지 않다고 생각한다. 성공하고 싶다면 나를 알아봐주고 키워줄 수 있는 이들과 안면을 익히고 친분을 쌓아야 한다. 이런 노력을 하지 않으면서 인맥을 쌓고 싶다고 바라서는 안 된다. 쟁취하려면 움직여야 한다.

상대가 부담스러워하면 어쩌느냐는 걱정은 할 필요가 없다. 자신에게 잘 보이고 싶어서 다가서는 사람을 비호감으로 보는 이는 없다. 대놓고 가식적인 태도, 표면뿐인 예의를 차리는 것이라면 싫겠지만 진심 어린 관심을 가지고 다가서면 모두 다 환영이다.

테이블에 합석한 후에 어떻게 행동하면 좋을까. 적극적인 서비스가 필요하다. 솔선해서 수저를 놓고 티슈를 배치하고 물을 따르고 고기를 굽는 일 등이다. 지극히 사소한 친절이지만 누가 그 행동을 하는지를 상급자나 연장자들은 눈여겨본다. 함께 운동을 하러 가서도 마찬가지이다. 현장에서 기본 세팅에 해당하는 일에 적극적으로 나서야 한다. 선배가 세팅하는데 후배가 멀뚱멀뚱 바라만 보고 있다면 좋게 보지 않는다. 언제적 라떼 이야기냐며 고리타분하다고 해서는 안 된다. 이 사회엔 다양한 이들이 어울려서 뭔가를 만들어가고, 그때의 권력자들은 연장자/상급자들이다. 이들은 기본 예의와 매너를 매우 중요시한다. 그래서 기본 세팅을 할 때 적극적으로 나서야 하고, 누구에게도 예의를 지켜야 한다. 그 자리 분위기가 자기 뜻대로 돌아가지 않는다고 혹은 게임에서 졌다고 불편한 감정을 쉽게 드러내서는 안 된다.

석사 과정을 밟을 때의 일이다. 학생들과 교수님이 함께 식사하러 갔는데, 선배가 내게 안주 하나를 포크로 찍어서 교수님께 드리라고 귓속말을 해주었다. 닭살 돋는 기분이라 하고 싶지 않았으나 선배의 조언을 따랐다. 교수님은 싫지 않은 기색으로 "네가 이런 걸 할 줄 아는구나"라고 하시면서 너털웃음을 지으셨다. 기분을 맞춰 주면 호감으로 맞대응하는 상대방을 많이 만났다. 계속 강조하지만 사람들은 대접받고 배려받는 걸 좋아한다.

회식 자리에서 대접받고 싶어 하는 사람들이 있다. 대접받을 위치가 아닌데도 받고 싶어 한다. 일종의 연예인 병이랄까. 대스타인 양 하나부터 열까지 남이 챙겨주길 바란다. 이렇게 행동할 거라면 차라리 회식 자리에 참석하지 않는 게 낫다. 현재 높은 위치에 있더라도 오랫동안 그 자리를 유지하지 못한다. 반면에 어떤 이들은 회식 자리에 흥이 오를 때면 밖에 나가서 숙취 해소 음료를 사와서 윗사람부터 나눠준다. 자신이 선수인데도 매니저나 스태프처럼 타인을 챙겨준다. 이렇게 타인을 대접하고 맞춰 줄줄 아는 이들이 나중에 보면 큰 성공을 거두는 경우가 훨씬 더 많다.

사실 성공은 특별한 노하우가 있는 게 아니다. 이처럼 기본에만 충실하면 된다. 정말 성공하고 싶다면 회식 자리에 상사들, 경영진이 있는 자리에 과감하게 다가설 수 있어야 한다. 내가 당신을 존중하고 잘해 주고 싶다고 어필하는 게 사회생활의 기본이고, 내 돈을 쓰지 않으면서 누군가에게 나를 가장 잘 어필하고 점수를 딸 수 있는 자리가 회식이다. 이걸 잘 이해한다면 그동안 지긋지긋하고 따분했던 회식이 일생일대의 기회로 변화할 수 있게 되는 셈이다.

05

조 지라드의
250명의 법칙

당신을 진심으로 좋아합니다

딩동. 나른한 오후 시간, 몰려오는 잠과 사투를 벌이며 근무하고 있
다가 문자 메시지에 휴대폰으로 시선을 돌렸다.

ㅇㅇㅇ님의 생일을 진심으로 축하드립니다!
오늘 A+카페바로 오시면 ㅇㅇㅇ님의 생일을 축하하는 뜻에서
고급 와인과 햄 치즈 안주를 선물로 드리겠습니다.^^

이 문자를 받은 고객 중 가게를 방문하지 않은 이는 거의 없었다.

성공률은 100%에 가깝다. 가족이나 친구도 깜박할 수 있는 생일을 기억해 주고, 의례적인 인사 멘트를 넘어서 선물까지 준비한 단골 가게의 연락에 다들 기쁘고 반가운 안색으로 찾아왔다. 고비용의 서비스를 제공받은 게 아니어도 즐거워하면서 더 많은 주문을 해서 매상을 올려준다.

이런 생일 축하 연락이 가능한 이유는 고객들 정보 리스트를 작성해서 활용했기 때문이다. 가게를 운영할 때면 항상 고객들 리스트를 만들었다. 고객들이 와서 화기애애하게 대화를 나눌 때 서비스 메뉴를 들고 가서 분위기를 띄운 다음 "한 잔 따라드릴까요?"라고 하면서 잔을 따라주고 "저도 한 잔 주시겠어요?"라면서 합석을 한다(앞서 말했지만 고객들 테이블에의 합석은 분위기를 봐가면서 한다. 썰렁하거나 가라앉은 분위기일 땐 절대 합석하지 않는다). 자연스럽게 대화가 이뤄지면서 고객카드를 작성하게 한다. 이 과정에서 고객의 기본 정보를 파악하게 되는 셈이다.

이름, 주소, 가족 사항, 생일, 결혼기념일 등 기본 정보를 파악하고 나면 그에게 어떤 서비스를 어떨 때 제공해야 하는지 계획할 수 있다. 축하할 일이 있을 때 위에서 언급한 것처럼 문자를 보낸다. 고객 당사자뿐 아니라 가족의 대학 입시, 입학식과 졸업식, 입사 시험 등 중요 행사를 기록해 두었다가 문자를 보낸다. 자녀의 대학 합격 축하와 함께 초콜릿을 서비스하겠다는 문자를 받고 찾아온 고객이 그날 가게 고객들 전체에게 한턱을 쏜 적도 있었다.

고객들 정보는 내가 직접 고객카드를 통해 얻은 거라서 높은 정확성을 자랑한다. 고객들과 수시로 대화하면서 달라진 정보가 있다면 그때그때 업데이트하였다. 어떤 고객들은 우리 가게를 방문했던 사실을 기억하지 못하기도 한다. 언제 갔는지를 물어오면 답해야 하므로, 첫 방문 때의 기록은 '고객 B씨와 함께 ○월 ○일 저녁에 방문함'과 같이 더 꼼꼼하게 작성해둔다. 꼼꼼한 기록일수록 고객 맞춤 서비스를 제공하기에 용이하다.

세계적인 호텔 체인 리츠칼튼의 고객 맞춤 서비스는 서비스업계에서 무척 유명하다. 미국의 리츠칼튼 호텔에서 마늘을 못 먹는다고 말한 고객이 있었는데, 한국의 리츠칼튼 지점을 찾았을 때 그가 주문한 요리에 마늘이 들어가지 않았다는 건 수많은 서비스 일화 중 하나일 뿐이다. 딱딱한 베개 스타일을 선호하는 고객이 다른 지역의 리츠칼튼 호텔을 찾았을 때 폭신한 베개가 아닌 딱딱한 베개를 제공받은 것, 고객이 두 번 이상 주문한 음료를 기록해 두었다가 제공하기, 감기약을 요청한 고객이 따뜻한 차와 함께 감기약을 받은 것 등 리츠칼튼의 고객 맞춤 서비스 일화는 셀 수 없이 많다.

리츠칼튼 호텔의 서비스가 이토록 섬세할 수 있는 것은 고객들의 데이터베이스를 가지고 있기 때문이다. 리츠칼튼 호텔은 고객들이 투숙할 때마다 고객의 취향, 요구사항 등을 기록해 둔다. 그래서 세 번 이상 방문한 고객에게는 웬만한 욕구를 선제적으로 만족시킬 수 있다고 자신한다.

사람의 마음을 사는 가장 좋은 방법은 진솔하게 내 마음을 전하는 것이다. "나는 당신을 좋아합니다"라고 솔직담백하게 말하는 것이다. 리츠칼튼은 고객을 마치 사랑하는 연인을 대하듯 섬세하고 따뜻한 서비스를 제공한다. 사장으로서 나 역시 고객들을 대할 때 항상 그런 마음을 전하려고 애썼다. 이것이 가능하려면 고객 정보를 적절한 방법으로 수집하고 때맞춰 활용해야 한다.

한 사람의 영향력, 최대한 몇 사람까지 미칠 수 있을까

CRM이라는 용어가 있다. Customer Relationship Management의 약자로 '고객 관계 관리'라는 의미이다. 1980년대에 탄생한 개념으로, 기업이 고객과 관련된 내외부 자료를 분석해서 고객 특성에 맞게 마케팅을 계획/실현/평가하는 경영 기법을 말한다. 고객이 어떤 상품에 대해 문의하고, 구입하고, 클레임한 내용을 차곡차곡 모아서 분석하면 고객의 특징과 성향 등을 알 수 있을 뿐 아니라 고객들의 욕구에 보다 가까운 상품/서비스를 개발할 수 있다. 대기업들은 고객센터 등을 통해 접수된 고객들의 목소리를 체계적으로 관리하면서 상품/서비스 개발과 업그레이드에 활용하고 있다.

맥도날드는 CRM을 적절히 활용하여 고객들을 만족시킬 수 있는 전략을 수립하고 운영하고 있다. 실례로 맥도날드는 수많은 고객들이 SNS상에서 맥도날드 상품의 질과 제조 방법 등에 대해 의문과 비판을 제기하는 걸 보고, 맥너겟의 원재료와 제조 환경 등을 영상으로 제작하여 공개하기도 하였다.

또한 맥도날드 경영진은 고객들이 아침 한정으로 판매하는 맥모닝 메뉴에 대한 클레임을 SNS상에 제기하고 있다는 사실에 주목했다. 많은 소비자들은 왜 맥모닝 메뉴를 제한된 시간에 먹어야 하는지에 대한 의문을 제기하고 있었다. 이에 맥도날드는 고객들이 맥모닝 판매 시간에 대한 컴플레인을 하는 모습을 광고로 제작해서 온라인에 올렸다. 무턱대고 변명하기보다 사실에 입각한 영상을 통해 고객들에게 상품에 대한 신뢰를 심어주고 불안감을 불식시킬 수 있었다. SNS상의 고객 데이터를 분석하지 않았다면 이 같은 전략적 대응을 하기 어려웠을 것이다.

사실 CRM을 제대로 구현하기 위해서는 고객의 모든 정보를 방대하게 수집하고 분석해 데이터베이스화하는 작업이 선행되어야 한다. 자본력이 부족한 중소기업이나 자영업자들이 이러한 CRM을 수행하기는 불가능에 가깝다. 다만 내가 한 것처럼 고객 정보를 리스트로 만들면 고객들의 만족도를 더 높이는 방안을 얼마든지 찾을 수 있다.

미국의 조 지라드(Joe Girard)는 15년간 무려 1만3천1대의 자동차를 팔아치운 판매왕이다. 기네스북에 12년 연속 '세계 최고 판매왕'으로 이름을 등재했으며, 세일즈맨으로는 최초로 미국 '자동차 명예의 전당'에 헨리 포드와 함께 이름을 올렸다. 15년간 1만3천1대 판매라니, 숫자가 엄청나서 와 닿지 않을 수도 있겠다. 이를 하루로 계산하면 그는 15년 내내 매일 2.4대의 차를 판 셈이다. 하루 한 대는 고사하고 일주일에 한 대를 팔기도 쉽지 않은 일반 세일즈맨 입장에서 엄청난 대기록이다.

그의 저서 〈세일즈 불변의 법칙 12〉를 읽고 그의 삶과 불굴의 집념, 세일즈 노하우에 깊이 감탄했었다. 지라드하면 인간관계에서 '1대 250명의 법칙'으로 유명한데, 그는 우연찮은 기회에 이 법칙을 생각해냈다. 친척이나 지인의 결혼식과 장례식에 참여해 하객 혹은 조문객의 숫자가 평균적으로 대략 250명 정도가 된다는 사실을 확인한 후 한 사람이 영향력을 미칠 수 있는 숫자가 250명이라고 결론을 내리게 되었다.

그는 이 결론을 토대로 '한 사람은 곧 250명과 같다'는 마음으로 고객 한 사람을 대할 때마다 최선을 다했다. 자신을 국빈처럼 대접해주는 지라드의 태도에 고객들은 감동하였고 새로운 고객들을 소개시켜주었다. 한 사람이 새로운 고객을 계속해서 연결해 주니 그가 판매왕이 되는 건 당연한 일이었다.

책에서 읽은 건지, 신문 기사에서 본 건지 정확하진 않지만 어떤 기자가 조 지라드의 세일즈 비법이 궁금해 취재하러 갔다고 한다. 그의 사무실에 들어갔는데 여느 자동차 매장과 사무실이 다르지 않았다. 혹시 몰라서 숨겨진 사무실이 있는지 물었는데 지라드는 맞다고 수긍하더니 벽에 있던 버튼을 눌렀다. 벽이 움직이면서 숨겨진 공간이 나왔고 기자는 그곳에서 직원들이 고객들과 전화하고 있는 걸 발견하였다. 지라드는 자신에게 차를 구매한 고객들의 기념일 등 이벤트와 차 관리 시기 등을 챙겨주는 것이라고 답했다. 고객들의 생일과 결혼기념일, 학교 졸업식은 물론이고 부모님 혹은 자녀의 기념일, 엔진오일·타이어 교환 시기 등을 확인하여 전화해 알려주고 있었다. 생일이나 결혼기념일 등 이벤트가 필요한 날에는 꽃과 과일, 와인 등 선물을 보내는 것도 잊지 않았다.

기자가 고객 정보를 어떻게 알아냈냐고 물으니 판매 상담을 할 때 웬만한 정보를 끌어낸다고 한다. 인터뷰 기술을 발휘해 나이, 주소, 직업 등의 기초정보 외에 그 이상을 알아낸다는 것이다. 이를테면 집과 직장 주소, 평소 어떤 때 차를 운행하는지 등을 알아내서 1년 주행거리를 계산한 다음 엔진오일을 갈아야 하는 시기를 알려준다고 한다. 지라드는 이러한 고객 정보를 미리 데이터베이스화한 다음 때맞춰 연락한다고 설명했다.

그의 인맥관리 노하우를 알게 된 후 가게를 운영할 때 그대로 적용하였다. 덕분에 그의 말처럼 충성고객이 생겼고, 충성고객이 또 다른 고객을 소개하는 선순환이 일어났다. 한 사람의 고객이 미치는 영향은 생각보다 엄청났다. 이 사실을 절감하니 어느 누구에게도 소홀할 수 없었다. 한 사람의 충성고객이 250명의 고객을 끌어들이는 것과 마찬가지로 한 사람의 악성고객이 250명의 악성고객을 만들 수 있기 때문이다. 누구를 대하든 선의로 대하고 상대가 무례할지라도 기본적인 예의와 매너를 갖추었다.

혹자는 사업에 있어서 돈보다 중요한 게 인맥이라고 한다. 맞는 말이다. 돈이 없어도 사업할 수 있지만 인맥이 없으면 불가능하다. 나 역시 어려움을 만날 때마다 사람들에게 도움을 받고 그 덕에 극복해 냈다. 이때의 인맥이란 단지 학연, 지연이 아니라 진심을 털어놓고 나눌 수 있는 관계를 말한다. 성공하고 싶은 이들이라면 열일을 제쳐놓고 이런 인맥 쌓기에 올인해야 한다. 인맥이야말로 내게 부족한 자본력과 정보력 등을 채워 주는 최고의 자산이다.

06

사장이
반드시 해야만 하는 일

매일 장사를 시작하고 마감하는 사람

"장사나 할걸~"이라고 말하는 사람들이 있다. 직장인으로서 상급자
의 눈치를 보면서 사는 게 쉽지 않으니까 내 장사를 하면서 눈치 볼
일 없이 살고 싶다는 의미일 테다. 직원을 일하게 두고 지금보다 좀
더 자유를 얻어서 편하게 살고 싶다는 말도 들어봤다.

　20년 넘게 장사를 해온 입장에서 말도 안 되는 생각들이라고 말
해 주고 싶다. 장사는 절대 만만하지 않다. 과장을 섞어 표현한다면
목숨을 걸어야 할 정도이다. 장사가 그토록 쉽다면 자영업자 폐업률
이 그토록 높을 리 없다. 각종 언론 보도에 의하면 외식업의 경우 창

업 3년 내 폐업률이 90%를 넘긴다고 한다. 상황이 이러한데 남의 손에 모든 걸 맡길 바에는 안 하는 게 낫다. 장사/사업을 시작하는 이유 중 가장 큰 이유가 타인이 아닌 내가 모든 걸 결정하고 끌고 나가고 싶다는 건데, 남의 손에 맡긴다면서 굳이 할 필요가 있을까. 엄청난 모험을 감수하면서 말이다. 똑똑한 직원을 뒀어도 사장의 역할은 그와 별개이다. 반드시 사장이 직접 해야 하는 일이 있다는 뜻이다.

사장이 반드시 해야 하는 일이 뭘까. 사장 경험이 있는 이마다 다양한 원칙들을 제시한다. 이미 책이나 강의로 소개된 여러 원칙들을 제외하고, 내 경험에 입각한 원칙을 제시해 보고자 한다.

내가 생각하는 가장 중요한 일은 하루의 시작과 끝을 사장이 열고 닫아야 한다는 사실이다. 쉽게 말해 사업장의 문을 열고, 마감 시간이 되어 셔터 문을 내리는 걸 사장이 해야 한다는 뜻이다. 생각보다 평범하고 별것 아닌 일이라고 생각하는 독자들도 있겠지만, 그렇지 않다. 사업장을 열고 닫는 일을 꼭 사장이 해야 한다는 건, 매일 장사 준비와 그날의 마무리 및 다음 날 준비 또한 사장이 한다는 것이므로 일의 양이 상당하다. 청소와 정리 정돈처럼 장사가 돌아갈 수 있게 하는 작은 행위부터 자금관리와 같은 중요한 행위까지 사장이 총괄하지 않으면 안 된다. 물리적 공간, 기자재 및 원재료, 자금 등 모든 영역이 포함된다.

특히 나는 식당이나 카페바를 운영할 때 반드시 직접 원재료를 관리하였다. 도매시장에 가서 장을 보았고 냉장/냉동고에 넣어두고 수

시로 재고 및 유통기간 등을 체크했다. 시장에 하도 드나들어서 지금도 가면 가게 사장님들이 곳곳에서 인사를 건네 온다. 외식업에서는 음식 맛이 가장 중요한 만큼 원재료를 다른 사람에게 맡긴다는 건 상상할 수도 없었다.

"요즘처럼 시스템이 좋아진 세상에서 그렇게까지 해야 한다고요?"

내 말을 들은 자영업자들은 대개 이렇게 반응한다. 이해할 수 있는 반응이다. 장사를 이루는 모든 행위를 잘게 쪼갰을 때 타인에게 맡기지 못할 건 없다. 아르바이트생이 하든, 직원을 뽑아서 하든 다 맡길 수 있다. 그럼에도 불구하고 나는 사장이 직접 해야 한다고 주장하고 싶다. 누군가에게 맡겨도 그 시간에 사장이 사업장에 나와 총지휘를 해야 한다는 것이다.

왜 그래야 할까. 장사를 준비하는 행위를 사장이 지휘하면 고객들이 만족할 수 있도록 준비할 수 있다. 그리고 마감 행위를 사장이 지휘하면 그날 고객들의 컴플레인, 만족도, 매출 등을 체크하고 다음 날엔 좀 더 실수 없이, 부족하지 않게 준비할 수 있다. 장사는 그날그날 찾아오는 사람이 다르고 매출도 오르락내리락한다. 매일 변수가 많기 때문에 사장은 이를 꼼꼼하게 체크하여 다음 날 장사의 완성도를 높여야 한다. 이런 중요한 행위를 어떻게 직원이나 아르바이트생 손에 맡기겠는가.

많은 사장들이 이런 말을 한다. 내 마음처럼 일하는 사람이 없다고. 심지어 가족과 함께 사업장을 운영하는 사장들조차 이 말을 입에 달고 산다. 장사/사업에 있어 그걸 만든 사장만큼 간절하고 열정적인 사람이 없단 뜻이다.

지금껏 숱한 매장을 다니면서 처음 방문한 사업장에서조차 그곳 사장이 매일 출퇴근을 하는 사람인지, 아니면 직원이나 아르바이트생에게 맡기고 자리를 비우는지 알아맞힐 수 있었다. 홀 내부가 깔끔하게 정돈돼 있고 고객들을 대하는 태도에 안정감이 있으며 테이블 회전율 등 고객들의 움직임도 체계적으로 느껴지는 곳은 사장이 자리를 지키고 있었다. 반면에 홀 분위기가 산만하고 휴지가 바닥에 나뒹구는 등 청결치 못하거나 고객 반응에 무심한 매장에는 사장이 없는 경우가 많았다. 어떤 매장의 경우 고객이 버젓이 테이블을 차지하고 있는데도 청소를 하는 경우도 있었다. 직원이 자기 퇴근 시간에 맞춰 빗자루질과 걸레질을 하면서 먼지를 일으키는 통에 부랴부랴 자리를 비워야 했다.

사장들은 자신이 자리를 비운 다음 무슨 일이 일어났는지를 확인하기 어렵다. 매장에 CCTV를 설치해서 직원들을 감시한다고 해도 사후약방문인 경우가 많으며, 그런 방식의 감시는 직원들에게 안 좋은 감정을 불러일으킬 뿐이다. 그보다는 사업장에 매일 규칙적으로 출퇴근하면서 직원들과 함께 일하는 것이 사업장 운영에 훨씬 더 좋은 결과를 가져온다.

사장의 인사와 아르바이트생의 인사는 다르다

사장이 반드시 해야 하는 두 번째 일은 고객관리이다. 업종을 막론하고 고객은 그 장사/사업을 유지시키는 생명줄이다. 이걸 타인에게 맡기는 건 어불성설이다. 고객들은 사장님이 "또 오세요~"라고 하는 것과 아르바이트생 혹은 직원이 "또 오세요~"라고 하는 걸 다르게 느낀다. 정확히 표현하자면 그 사업장을 바라보는 시선이 달라진 달까. 직원이나 아르바이트생이 친절해도 기분이 좋아지지만, 사장이 그렇게 해주면 훨씬 더 기분이 좋아진다. 앞서 언급한 바 있지만 사람들은 본래 대접받고 존중받는 걸 좋아한다. 사장이 대접하면 고객들이 훨씬 더 뿌듯함을 느낄 수 있다.

사장이 자리를 비웠다는 사실이 확 드러나는 지점이 고객들의 테이블 착석 상태이다. 사장이 수시로 자리를 비우는 곳은 고객들이 원하는 대로 앉아 있다. 4인석에 2명을 앉게 했다가 나중에 고객들이 밀려들면 직원들이 해당 고객들에게 자리가 부족하니 옮겨달라며 양해를 청한다. 뒤늦게 좁은 자리로 옮기는 고객들은 기분이 상할 수밖에 없다. 처음부터 테이블 회전율을 생각하고 고객에게 자리를 안내했다면 그럴 일이 없을 텐데, 직원이나 아르바이트생은 여기까지 생각하기가 어렵다.

사장은 자기 가게이므로 테이블 회전율을 고려해 효율성을 극대화하는 방법을 늘 고민한다. 스스로가 결정권자인 만큼 눈치를 보지 않고 테이블 배치를 그때그때 상황에 따라 변경할 수도 있다. 그러나 직원/아르바이트생은 사장만큼의 융통성을 가질 수가 없다. 사장이 매일 자리를 지켜야 하는 이유가 여기에 있다.

고객들 입장에서도 홀에 들어가서 아무 곳이나 마음대로 앉는 것보다 직원 혹은 사장의 에스코트를 받으면서 적합한 자리에 착석하는 게 훨씬 좋다. 앉을 때 의자를 빼주고 들고 온 가방이나 옷을 둘 장소까지 안내받는다면 금상첨화이다. 뒤늦게 자리를 옮길 염려가 없고 무엇보다 대접받는 기분이 들어서 좋다.

지방에 어느 이름난 식당에 간 적이 있었다. 그곳은 사장님이 고객들의 신발을 직접 닦아주는 것으로 유명했다. 장사가 무척 잘되어서 사장님은 '회장님'이라 불리는 자산가였는데도 매일 변함없이 입구에서 자리를 지키면서 고객들의 신발을 닦아주었다. 고객들이 벗어놓은 신발을 닦아주는 식당은 많이 보았으나 사장님이 직접 하는 곳은 별로 본 적이 없었던 것 같다. 개량한복을 입은 고풍스러운 분위기의 사장님이 구두를 닦는 모습은 그 자체로 그 식당을 대표하는 하나의 트레이드마크처럼 인식되어 인기를 끌었다.

사장님은 구두의 경우 구두약을 묻혀서 광이 날 때까지 닦고, 운동화나 슬리퍼의 경우는 물티슈로 먼지를 닦아냈다. 그런 다음 신발 전용 페브리즈를 뿌렸다. 고객들은 식사를 마치고 나와서 은은한 향이 나는 신발을 마주하고 더욱 기분 좋은 마음으로 돌아갈 수 있었다.

사장이 고객을 응대하는 일이 곧 세일즈 행위이다. 많은 사업장이 홍보 방안에 골몰하지만 수천, 수억 원의 마케팅 비용을 쏟아 붓는 것보다 한 명의 고객을 진심으로 정성껏 모실 때의 효과가 더 크다고 생각한다. 앞서 설명했듯이 난 고비용을 들여 마케팅할 수 없어서 늘 발로 뛰면서 가게를 홍보했다. 가게의 주소, 전화번호, 가게 사진이 들어간 명함이나 전단지를 만들어 가게 앞에서 돌렸다. 이를 통해 가게에 한두 테이블이라도 들어오면 정성껏 대접했다. 이 소수의 인원이 재방문해 주고 입소문을 내주면서 점차 가게가 잘 되었다. 인기 유튜버, SNS 인플루언서 홍보보다 사장이 고객을 직접 응대하면서 마음을 사는 게 더 큰 효과가 있다. 고비용의 홍보에 연연할 필요가 없다고 본다.

심지어 전단지조차 사장이 돌릴 때와 직원 혹은 아르바이트생이 돌릴 때가 다르다. 당연히 사장이 돌릴 때 고객들의 반응이 더 좋다. "사장님이 이런 일도 하세요?", "사장님이 열심히 하시니 보기에 좋으네요"라고 하면서 긍정적인 마음을 갖기 때문이다. 그래서 전단지를 돌릴 때 내가 사장이라는 사실을 최대한 티를 냈다.

어떨 땐 전단지에 '전단지를 돌리는 제가 사장입니다. 이걸 갖고 오시면 커피와 음료를 서비스로 드립니다'라는 문구를 넣었다. 만약 여러 명이 모여 있는 광경을 발견하면 전단지를 건네면서 "다섯 분 이상 오시면 아이스크림 서비스를 추가로 드리겠습니다"라는 식으로 즉석에서 딜을 하기도 하였다. 내가 사장이기에 가능했다. 과거에 식당 직원으로서 전단지를 돌릴 때는 이런 융통성을 발휘하는 게 불가능했다.

반드시 사장이 해야 할 일이 있다고 하는 것은 훌륭한 직원의 역할을 부정하거나, 사장이 모든 일을 다 해야 한다는 의미는 아니다. 훌륭한 직원이나 아르바이트생을 쓰면 웬만한 모든 일이 잘 굴러갈 수 있다. 좋은 직원을 뽑아서 권한을 일정 부분 위임하고 자율을 부여하는 것은 사업장의 발전을 위해서도 필요한 일이다. 내가 강조하고 싶은 것은 운영에 있어서 가장 중요 영역의 정보를 사장이 총괄해야 한다는 점이다. 핵심적인 일을 사장이 모르면 나중에 직원/아르바이트생이 그만둘 때 낭패를 겪을 수 있다. 아무리 튼튼한 사업체라도 편한 것을 추구하는 순간 좀벌레처럼 갉아먹힐 수 있다는 걸 기억해야 한다.

리스크는
절대로 당연하지 않다

사업하려면 리스크가 당연할까

사회에 나와서 많은 분들을 만나면서 숱한 조언과 충고를 들었다. 다들 타당하고 옳은 이야기를 해주셨는데, 이런 말들 중 내가 유독 싫어하는 말이 있다. 바로 '하이 리스크(High Risk) 하이 리턴(High Return)'이다. 투자 위험도가 높을수록 거둘 수 있는 이익도 높다는 의미이다. 경제원리에 비춰 보면 지극히 맞는 말이다. 그런데 투자의 대원칙이나 다를 바 없는 이 용어가 싫다고? 오해하지 마시라. 이 말이 품은 팩트를 부정하는 게 아니니까. 싫다고 말했지만 좀 더 정확하게 표현하자면, 이 말대로 하고 싶진 않다는 뜻이다.

사업에 리스크가 없을 수는 없다. 그러나 리스크를 당연시하기보다는 최대한 줄일 수 있는 방법을 찾아야 한다. 작은 리스크를 우습게 보고 제대로 관리하지 못하면 사업장을 뒤흔드는 규모로 커질 수 있다. 눈송이가 쌓이고 쌓여 거대한 눈사태를 만드는 것처럼. 그래서 사장은 리스크가 더 커지지 않도록 평소에 관리해야 한다.

'하이 리스크 하이 리턴'은 '고생 끝에 낙이 온다'는 속담과도 일맥상통하는 듯하다. 큰 어려움을 겪을수록 큰 성공을 맛볼 수는 있다. 이렇게 맛본 성공은 정말 달콤할 것이다. 그러나 뒤에 맛볼 성공이 달콤하다고 앞의 어려움이 쉬워지는 건 아니다. 나중에 성공할 거라는 사실을 모르기에 마냥 고통스러울 뿐이다. 죽을 만큼의 위기를 불사하면서까지 성공을 해야 할까. 큰 시련을 딛고 일어나면 그만큼 큰 기쁨을 맛볼 수 있으나, 시련이 심하면 아예 일어서지 못할 수도 있다.

사업을 하고 싶은 이들은 사업 자금부터 만들어야 하는데, 돈이 없으면 꽤 큰 규모의 대출을 감행한다. 이게 가장 큰 리스크이다.

"어떤 사업을 하고 싶으세요?"

"치킨집을 하고 싶습니다."

"그러려면 최소 1억5천만 원이 있어야 하는데요. 현재 얼마를 준비하셨어요?"

"1천500만 원 있습니다. 나머지는 대출받으려고요."

"대출로 부족한 자금을 준비하지 마시고, 현 자금에 맞는 사업 아이템을 찾으시는 게 좋습니다. 닭꼬치 노점상이나 푸드트럭을 권해 드립니다."

자영업자들을 대상으로 강연을 할 때 현장에서 질문자와 실제로 주고받았던 대화이다. 물론 대출 역시 창업자금을 만드는 방법 중 하나이다. 그러나 전체 자금 규모의 70~80%를 넘어가는 대출금은 사업이 안 됐을 때 삶을 무너지게 만들 수도 있다.

아무리 많은 자본을 투자해도 사업이란 잘 될 때가 있고, 안 될 때도 있는 법이다. 잘 될 때야 아무 문제가 없지만, 안 될 때는 막대한 대출원금과 이자를 어떻게 감당할 것인가. 투자도 마찬가지이다. 투자자들로부터 투자를 받으면 약정에 의거해 상환을 해 나가야 한다. 내 돈인 양 썼다가 장사가 안 돼 상환 약정을 지키지 못하면 큰 위기를 맞을 수 있다.

사업 계획을 세울 때부터 장사가 잘 안 될 때를 상상하고 그에 대한 대비책까지 마련해야 한다. 그래서 되도록 현재 자금 규모에 맞는 사업을 구상하라고 권유하고 싶다. 리스크를 최대한 낮춰야 하기 때문이다. '하이 리스크 하이 리턴'이라는 말만 믿고 대출을 잔뜩 끌어들여 차린 사업은 언제 무너질지 모르는 모래성과 다르지 않다.

경제학에서 많이 회자되는 말 중에 '투자는 여유자금으로 하는 것'이라는 말이 있다. 내가 퍽 좋아하는 말이자, 삶의 원칙이기도 하다.

예비창업자들도 중요하게 생각해 주었으면 한다. 자기 자본 100%로 창업하면 설혹 사업이 망하더라도 리스크가 크지 않다. 갚아야 할 대출금과 이자가 없으니까. 리스크가 작았으니 재기도 그만큼 빠르다. 금세 다시 일어서서 새로운 일을 계획해서 잘나가는 사장님이 될 수 있다.

하지만 막대한 대출을 받았거나, 가족/지인에게 돈을 빌렸다면 사업이 망했을 때 회복하기가 쉽지 않다. 심지어 감당할 수 없다고 자기 처지를 비관하면서 모든 걸 다 포기하려 할 수도 있다. 모래성이 완전히 무너지는 형국이니 일어서기가 힘들다.

어떤 조언자들은 '젊은 날에 망할수록 다행'이라면서 '늦게 망하면 재기하기가 힘들다'고 말한다. 솔직히 고백하건대 이 말 역시 마음에 들지 않는다. 왜 20대, 30대에 망하는 게 다행이란 건가. 젊고 혈기가 왕성할 때 망하지 않아야 삶을 더욱더 안정적이고 탄탄하게 꾸려나갈 수 있다.

나이를 먹을수록 자리를 잡는 게 쉽지 않으므로 한 살이라도 어릴 때 자리 잡는 게 중요하다. 그러니 이왕이면 리스크를 낮추고 낮춰서 빨리 자리 잡는 방법을 찾길 바란다. 실패로 인해 낙심한 이들에 대한 위로는 필요하지만, 망하는 게 으레 성공 공식인 양 인식하는 건 반대한다.

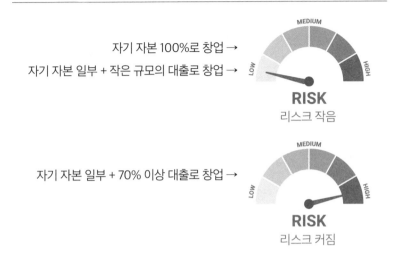

자기 자본 100%로 창업 →
자기 자본 일부 + 작은 규모의 대출로 창업 →

RISK
리스크 작음

자기 자본 일부 + 70% 이상 대출로 창업 →

RISK
리스크 커짐

내 현실에 꼭 맞는 창업계획으로 승률 UP!

그렇다면 리스크를 낮추는 사업, 어떻게 하면 되는 걸까. 앞서 언급했듯이 사업 자금이 감당할 수 있는 규모여야 한다. 치킨집보다 푸드트럭이나 노점을 선택하는 것이다. 식당/상점의 경우 가장 비용 부담이 큰 것이 권리금이다. 보증금이야 나중에 돌려받을 수 있지만, 권리금은 그렇지 않은 경우가 있으므로 되도록 권리금이 저렴한 자리를 찾아보는 게 필요하다. 유동 인구가 많은 번화가는 장사가 잘되니까 당연히 권리금이 비싸다. 권리금이 저렴한 곳은 장사가 상대적으로 덜 잘되는 곳일 터이다. 이런 기본적 특성을 감안하여 무조건 고비용을 감수하지 말고, 저렴한 자리에서 특색과 개성을 살린 아이템을 구상하고 발로 뛰는 마케팅을 고민해 보면 좋겠다.

앞서 소개했던 지하철역 땅콩 할머니도 노점으로 많은 돈을 벌었다. 대박을 쳤던 이유는 단지 번화가 역세권에서 장사해서가 아니라, 할머니의 판매전략이 좋았기 때문이었다. 이런 식으로 고객들을 끌어올 수 있는 다양한 홍보 방법을 궁리해야 한다. 전단지 배부나 식사 시간 때 무료 시식 이벤트, 지역행사 때 무료 나눔 등을 통해 입소문을 내고, SNS를 운영해 고객들이 제 발로 찾아올 수 있도록 해야한다.

"그렇게까지 해야 해요?"

이런 말을 하는 이들에게는 장사를 하지 않는 게 낫다고 냉정하게 얘기한다. 그렇게까지 할 각오도 없다면 빨리 접고 다른 일을 하는게 낫다. 현실에 맞는 창업계획을 세우면 막대한 자금을 마련하느라 짊어져야 하는 초기 리스크가 거의 발생하지 않는다.

리스크를 낮추라는 조언은 단지 사장들에게만 적용되는 게 아니라 직업을 불문하고 모든 이들이 귀담아들어야 한다고 생각한다. 지인 중에 네트워크 마케팅을 하는 이들이 있다. 그중엔 훌륭한 세일즈 솜씨로 고객을 늘려나감으로써 고수익을 올리는 이들도 있지만, 자기 돈으로 계속 상품을 구매하는 이들도 있다. 해당 회사나 상품이 탐탁지 않은 이들에게 자비로 상품을 제공하면서 수익이 아닌 마이너스가 늘어간다. 반강제로 상품을 안겨준다고 고객이 늘어날 수 있을까. 이렇게 리스크를 높이는 출혈적 방식은 바람직하지 않다. 네트워크 마케팅으로 큰돈을 벌었다는 사례가 심심찮은 것처럼 이 때문에 패가망신했다는 사례 역시 많다는 걸 기억해야 한다.

사회적으로 화제가 되고 있는 '영끌'도 마찬가지이다. 사회에 갓 진출해서 직장에 다니는 청춘들이 대출까지 받아서 주식, 펀드, 부동산 등에 올인하고 있다. 그나마 부동산은 실물자산이지만 주식과 펀드는 그렇지 않아 투자 리스크가 훨씬 높다. 가용할 수 있는 모든 자본을 탈탈 터는 영끌 방식의 투자는 돌발변수나 위기 상황에 대응하지 못하게 만든다는 점에서 문제가 있다.

돈을 어떻게 불리는 게 좋을까. 확실한 정보에는 투자를 해도 좋겠지만, 이걸 장담할 수 있는 이는 아무도 없다. 그래서 이렇게 말하고 싶다. 1억 원을 투자해서 1000만 원을 벌려고 하지 말고 1000만 원을 투자해서 50만 원을 벌라고 말이다. 쉽게 말해 리스크를 낮추는 투자를 하라는 말이다. 물론 1억 원을 투자해서 1000만 원을 번다면 좋겠지만, 반대로 잃을 수도 있다. 실패 가능성을 고려한다면 리스크를 낮추는 게 중요하다. 보유한 모든 자본을 다 털어넣지 말고, 유사시 쓸 예비비를 빼두고 남은 여유자금으로 투자해야 한다.

직장을 갑작스레 그만둬야 한다거나, 교통사고나 건강 이슈로 인해 목돈이 필요한 순간은 언제든지 찾아올 수 있다. 그걸 대비한 예비비는 꼭 필요하다. 그런 걸 하나도 남기지 않으면 위기가 닥쳤을 때 삶은 순식간에 무너져버리고 만다.

실전 경험 많을수록 리스크가 감소한다

SBS 방송의 〈골목식당〉은 2021년 말에 종방하였지만 한때 대단한 인기를 끌었던 예능 프로그램이다. 골목 상권들을 찾아가 장사가 안 되는 이유를 분석하고 개선방안을 마련해 대박 맛집으로 바꿔 주는 콘셉트로, 예능 프로임에도 공익적인 목적을 인정받아 대중의 박수를 받았다. 열혈 시청자로서 본방을 못 볼 땐 관련 기사를 검색해 읽으면서 프로 사업가의 노하우를 배우려 애썼다.

인상 깊었던 장면이 많은데 그중에서 시청자들의 울화와 안타까움을 동시에 자아낸 사례들은 아무 준비도 없이 덥석 창업부터 한 초짜 사장님들 이야기이다. 창업 전에 주력 메뉴에 대한 시장조사를 거의 하지 않았거나 해당 메뉴의 식당에서 일해 본 적도 없는 사람들, 요리를 잘한다는 가족이나 친구들의 칭찬만 믿고 가게를 차린 사람들 말이다. 음식만 잘하면 되는 줄 알고 혹은 가게만 열면 고객이 찾아줄 거라 믿으며 창업했던 많은 초짜 사장님들이 눈물을 흘렸다.

"이럴 줄 몰랐어요"는 초짜 사장님들이 많이 하는 말 중 하나이다. 상품/서비스의 질 향상, 고객 응대, 사업장 인테리어, 원재료 및 기자재관리, 매출관리, 홍보 등 사장이 챙겨야 할 일은 생각보다 훨씬 많다. 그래서 단지 요리를 잘한다는 이유로 식당을 창업해서는 안 되는 것이다. 요리와 사업은 다르다. 식당 창업은 요리뿐 아니라 운영 전반에 대한 모든 걸 알아야 할 수 있다. 때문에 창업하고 싶다면 해당 아이템을 팔고 있는 남의 사업장에서 적어도 2~3년 이상, 최소한 6개월이라도 일하면서 실전 경험을 쌓아야 한다. 홀 바닥을 쓸고 물걸레질하고 부엌에서 접시 닦기부터 시작해서 단계별로 올라가야 비로소 식당을 창업할 수 있는 경험이 생긴다.

물론 운 좋게 창업자금 대출을 받고, 운 좋게 목 좋은 곳을 잡고, 운 좋게 사업이 잘 될 수도 있다. 그러나 이런 희박한 가능성에 목숨을 걸기보다 안전한 길로 가는 게 더 낫다고 생각한다. 어쩌면 나는 철저하게 현실에 맞춰서 일해 왔기 때문에 100억 원을 가진 부자가 되지 못했다. 하지만 안전한 길을 걷고자 노력한 덕분에 내 삶은 한 번도 경제적 위기를 만난 적도, 가족들을 고생시킨 적도 없었다고 자신 있게 말할 수 있다. 여기서 노력이란 사업 아이템에 대한 충분한 시장조사, 감당할 수 있는 선의 창업자금 준비 그리고 철저한 실전 경험을 말한다. 다양한 사업장에서 아르바이트를 하면서 시장에 입각한 아이템을 연구하고, 홍보 전략 실무를 쌓았기 때문에 추락한 적이 없었다.

과감하게 배팅하면 100억을 벌 수 있지만 반대로 100억을 날릴 수도 있다. 성공과 실패의 확률은 언제나 반반이다. 50%의 위험성을 짊어지는 것보다 실패 확률을 줄이는 사업 형태를 선택한 것이다. 대박 부자는 아니어도 하나도 말아먹지 않을 방법, 우리에게는 이런 기술도 필요하다고 감히 단언한다.

'리스크관리'라는 게 있다. 사업장의 리스크를 조사하여 평가하고, 이러한 것이 사업장에 미치는 영향을 낮추거나 통제하는 걸 목표로 한다. 사업장은 상시적으로 리스크를 관리해야 한다. 근래 들어서 이를 전문적으로 해주는 컨설턴트들이 많아지고 있다. 이들에게 의뢰해도 좋고, 그런 여건이 되지 않는다면 사장 스스로 사업장을 관찰해 리스크를 발굴하여 이로 인해 어떤 영향이 나타나는지를 평가할 수 있어야 한다.

리스크는 상품의 질, 고객관리, 직원관리, 재고관리, 매장/홀 운영, 뜻하지 않은 자연재해/사고 등 다양한 영역에서 나타나는 경우가 많다. 내 사업장에 맞는 리스크 항목을 만들어 꾸준히 관리하면 매출 증대에 큰 기여를 할 수 있다.

08

하루 3만 원 vs.
매월 99만 원

'이 정도면 해 볼 법하다'는 선을 찾아주기

카페바를 운영하고 있을 때였다. 고객 유치를 위해 거리에서 열심히 전단지를 나눠준 후 가게로 돌아와 영업 준비에 매달렸다. 전단지를 받고 고객들이 삼삼오오 찾아들었다. 그들 중에 눈에 띄는 한 사람이 있었다. 내게 친절하고 관심을 보이면서도, 한편으로는 관찰하는 느낌이었다. 매장에 고객들이 들어오면 한 사람씩 살펴보면서 언제 무료 서비스를 제공할지, 어떤 말을 걸어야 할지를 궁리하는데, 그의 눈빛은 내가 고객을 볼 때의 느낌과 같았다. 뭘까? 궁금했지만 그 사람만 지켜볼 순 없어서 그날은 그냥 넘어갔다.

그는 다음 날, 그다음 날도 우리 가게를 찾아왔다. 두 번째 방문했을 때 대화를 나누면서 형님, 동생의 호칭을 썼다. 그가 나보다 연장자였다. 형님과의 대화는 즐겁고 유쾌했다. 눈빛에서 나에 대한 호감을 확인할 수 있어 기분이 좋았다.

3일째 되는 날, 형님은 두 사람과 동행했다. 아하! 그제야 그가 왜 첫날부터 나를 주시했는지 짐작할 수 있었다. 장사하는 사람들은 눈치가 빠르고 센스가 있어야 하는데, 이때 내 촉은 그다지 빠르진 않았던 것 같다.

그들은 우리 가게 근처 보험사에서 일하고 있었다. 동행한 이들은 보험사 지점장과 동료 직원이었다. 보험사 형님에게 내가 먼저 "이제 하고 싶으신 말씀을 하셔야죠"라고 아는 척을 했다. 형님이 웃음을 터뜨렸다. 그는 저축성 보험 가입을 권유했다. 가게 매출이 상승세에 있어서 저축을 늘리면서 가게 운영상 벌어질 사고에 대비하고 싶었던 터라 선뜻 가입하겠다고 했다. 내 답을 들은 형님은 갑자기 의자 밑에서 쇼핑백을 꺼냈다. 쇼핑백에서 나온 건 금고 모양의 저금통이었다. 느닷없는 사물의 출연에 어리둥절해졌다.

"이 저금통을 줄게. 여기에 하루 3만 원씩만 넣어. 한 달이 되어 99만 원이 모이면 그때 수거해서 내가 1만 원을 보태서 월 100만 원을 납부하는 저축성 보험에 넣어줄게."

형님은 동전도 좋고 천 원짜리 지폐도 좋으니 3만 원이면 된다고 했다. 상당히 쉽다고 느꼈다. 하루 매상이 적게는 수십만 원에서, 많을 땐 100만 원이 넘었다. 장사를 마무리하고 정산할 때면 동전이나 천 원, 5천 원짜리가 제법 쌓인다. 이것만 모아도 3만 원은 넘을 것 같았다. 흔쾌히 수락하고 그 자리에서 보험 가입 서류를 작성했다.

그날 이후로 보험사 형님과 더 친해졌다. 지인들 소개로 보험업에 종사하는 이들을 많이 알게 되었지만, 이 형님에게는 또 다른 면이 있었다. 덕분에 몇 가지 노하우를 배울 수 있었다.

첫 번째로 고객을 선별하는 눈이었다. 형님은 잠재고객을 만나기 위해 다리품을 엄청나게 팔고 있었다. 그렇게 많은 이들을 만나면서도 섣불리 다가서지 않았다. 일정 시간을 두고 친분을 쌓았고 그 가운데에서 자연스레 고객 정보를 수집한 다음, 우량고객이라 판단되면 그제야 그들에게 보험에 대한 말을 꺼냈다. 아무에게나 손 내밀지 않고 진짜 내 매출을 올려줄 사람을 찾아내는 것이다. 여러 번 찾아와서 나를 관찰하고 가게를 둘러봤던 것도, 과연 보험금을 착실하게 납부할 능력이 되는지를 알고자 하는 노력이었다. 사람들을 닥치는 대로 만나고, 그들에게 나 자신과 사업장을 홍보하겠다고 마구잡이로 들이대는 나와는 사뭇 달랐다.

형님의 이런 자세는 기업/자영업자들에게 필요하다는 생각이 든다. 사업을 할 땐 수시로 조급증이 난다. 장사가 안 될까 봐, 고객이 떨어져 나갈까 봐, 직원들 월급도 못 주게 될까 봐 초조하다. 그래서 의뢰받는 모든 건들, 만나는 모든 이들과 계약해서 매출을 올리고 싶어 한다. 마구잡이로 계약하다 보면 부실 거래처 때문에 운영상 위기를 만날 수 있고, 심지어 부도까지 발생할 수 있다. 우물가에서 숭늉을 찾아봐야 의미가 없듯이 조급증을 버리고 좋은 거래처, 우량고객들과의 인연을 만들어가는 여유를 지녀야 한다.

두 번째로 배운 점은 형님의 협상법이었다. 형님은 보험 가입을 권유하면서도 부담을 주지 않을 방안을 미리 준비해 왔다. 금고 모양의 저금통 말이다. 보험이란 본래 유지 기간이 길고 중도에 해지하면 큰 손해가 되므로 가입 자체가 부담스럽다. 게다가 형님이 원했던 월 99만 원의 납부액은 결코 만만치 않은 금액이다. 만약 형님이 처음부터 월 99만 원짜리 보험을 가입하라고 했다면 나는 거절했을 것이고, 50만 원 정도로 낮추겠다고 말했을 것 같다.

형님은 이런 잠재고객의 심리를 간파해 매일 잔돈 3만 원을 모아서 매월 99만 원을 만들라는, 충분히 '해 볼 만한 목표'를 제시하였다. 장사하는 사람들에게는 매일 적잖은 잔돈이 발생하는데, 이를 모았다가 보험금으로 납부하라는 건 꽤 신박한 아이디어였다. 게다가 월 1만 원씩 자비로 납부 금액을 보태겠다니, 1년이면 무려 12만 원이나 되지 않는가. 게다가 100만 원과 99만 원은 한 끗 차이지만, 세 자릿수가 두 자릿수로 내려가는 것이므로 부담이 더 작게 느껴진다. 참 기분 좋은 서비스였다. 지금이야 다양한 세일즈 방법을 도처에서 배울 수 있지만 15~16년 이전에 이런 협상법을 구사했다는 게 놀라웠다.

형님의 전략은 홈쇼핑을 포함해 상품 판매하는 업체들에서 자주 쓰이고 있다. 홈쇼핑사는 수백만 원을 호가하는 명품백을 12개월 혹은 24개월 할부로 구입할 수 있도록 상품값 납부 방안을 짠다. 그러면서 이런 말로 구매욕을 자극한다.

"한 달에 30만 원도 안 되는 가격으로 이탈리아 명품 브랜드를 소유하실 수 있습니다. 매일 애쓰고 사는 나를 위해 한 달에 30만 원 정도는 충분히 투자하실 수 있잖아요."

대금 납부의 부담을 낮추면서 과소비에 대한 죄책감을 지울 수 있도록 정당성까지 부여하고 있다. 이 말에 공감하는 고객들은 자기도 모르게 전화기를 들고 버튼을 누르게 된다.

고객들이 좋아하고 믿는 사람이 된다면

보험사 형님과 좋은 인연이 된 것은 앞서 설명했던 노하우 덕분이기도 하지만, 무엇보다 형님이 먼저 다가와 주었기 때문이다. 처음 만날 때부터 나에 대한 호감을 눈빛과 말로 끊임없이 표현해 주었다.

기업/자영업자는 형님처럼 고객에게 "내가 당신을 좋아합니다"라는 신호를 끝없이 주어야 한다. 무료 서비스로, 상냥한 미소로, 세심한 배려로. 이렇게 신호를 받으면 고객도 가만히 있지 않는다. 고객 역시 자신에게 친절을 베풀어준 기업/자영업자에게 마음을 담아 화답한다.

보험에 가입한 후에도 보험사 형님은 시간 날 때마다 가게에 들렀다. 점심 땐 식사를 했고, 저녁에 와서는 술을 마셨다. 보험 가입만 목적이었다면 이후로는 발걸음하지 않고 월 1회 저금통 수거 때에만 와도 될 일이었다. 그러나 형님은 수시로 찾아와 근황을 물었고 자신이 사는 이야기를 들려주었다. 어느 날은 기습적인 폭우가 쏟아졌는데, 얇은 비닐 우비를 입은 형님이 우산을 대여섯 개 안고 가게를 찾아왔다.

"갑자기 비가 오네. 가게 손님들이 당황하실 텐데 이거 하나씩 나눠드려."

무심한 한마디와 우산을 남기고 총총히 문을 나서는 보험사 형님의 뒷모습. "오다 주웠다"에 맞먹는 츤데레였다. 나중에 알게 되었는데, 인근 상점과 식당마다 금고 모양의 저금통이 있었다. 이 일대가 모두 형님의 거래처요, 그의 손아귀에 있었던 셈이다. 그날 형님은 여러 곳의 편의점 우산을 싹쓸이해서 다른 거래처들에도 우산을 가져다주느라 비를 쫄딱 맞았다. 날씨가 궂은 날에는 사무실에서 꼼짝하지 않거나 아예 출근하지 않고 집에서 머물고 싶기 마련인데, 보험사 형님은 오히려 그런 날에 거래처를 더 부지런히 찾아다녔다. 거래처 사람들도 나처럼 감동하고 고마웠을 것이다. 저렇게 좋은 사람이니 사람들에게 더 많이 소개해야겠다고 생각했을 것이다. 얼마나 대단한 마케팅 효과인가. 정말 대단한 고수 중의 고수란 생각이 들었다.

성공한 세일즈맨이자 많은 이들에게 성공 원리를 강연하는 밥 버그는 이런 말을 했다.

"모든 조건이 동일하다면 누구나 자기가 알고 좋아하고 믿는 사람들과 거래하고 그들에게 일을 맡길 것이다."

사람들은 자신이 대접받은 대로 갚아주고 싶은 마음이 있다. 이를 심리학적으로 '보상 심리'라고 한다. 보상 심리에는 나 자신이 받고 싶은 마음뿐 아니라 상대에게 주고 싶은 마음도 포함하며, 긍정적 보상(정서적/물질적 보답)과 부정적 보상(처벌이나 박탈)이 있다. 땅콩 할머니가 성공을 거둔 것도, 내가 무료 서비스 제공으로 고객들을 끌어 모을 수 있었던 것도 고객들의 긍정적 보상 심리와 연관돼 있다. 기업/자영업자는 고객들의 진심을 얻기 위해 선제적으로 진심을 보여 주어야 한다. 사람들은 자신이 좋아하고 믿는 이에게 아주 쉽게 설득되니까. 고객을 상대하는 데 있어 이것만큼 좋은 전략이 있을까 싶다.

좋은 직원들하고
잘 지내고 싶어

고객 머릿속에 각인돼 사라지지 않는 직원을 만들려면

큰딸의 생일을 맞아서 놀이공원에 간 적이 있다. 하루종일 놀이공원에서 재미있게 놀고 인근 숙소에서 하룻밤을 잔 다음 다시 놀이공원에 왔다. 다양한 놀이기구가 즐비한 한편에 게임장이 마련돼 있었다. 그곳에 함께 가서 공을 던져 넣는 게임을 했다. 공을 던져서 바구니에 넣으면 인형을 받을 수 있는 놀이였다. 3천 원을 내면 다섯 번을 던질 수 있다. 신중을 기해 하나씩 던질 때마다 여직원 한 명이 응원해 주었고 공이 들어갈 땐 뛸 듯이 기뻐했다. 마치 같은 일행처럼 아이에게 눈을 맞추고 진심 어린 응원을 해주는 모습이 신기했다.

정해진 횟수만큼 던졌는데 인형을 타기엔 하나가 모자랐다. 아내도, 아이들도 모두 아쉬워하는데 여직원이 선뜻 공 하나를 주면서 다시 한 번 해 보라고 하는 게 아닌가. 혹시나 하며 던졌는데 성공. 세 아이들 모두 환호성을 질렀고 여직원은 아이들과 차례로 하이파이브를 하면서 활짝 웃었다. 인형을 줄 때도 상을 수여하듯이 "공을 ○개 던져서 ○개를 넣었으니 이 상을 드립니다"라고 말해 주었다. 덕분에 아이는 인형을 안고 대단한 상을 받은 것 같은 뿌듯함을 느낄 수 있었다.

다른 게임 몇 가지 더하고 뒤를 돌아 나오는데 조금 전의 광경이 눈앞에 아른거렸다. 우리만큼 즐거워 보였던 그 직원이 머릿속에 각인된 탓이다. 여직원을 다시 찾아가서 혹시나 일자리를 구할 일이 있으면 꼭 연락해 달라는 부탁과 함께 명함을 조심스레 건넸다.

그런 말을 했던 이유는, 그처럼 센스 있는 직원을 찾기가 쉽지 않기 때문이다. 과장을 좀 보탠다면 하늘의 별 따기나 마찬가지이다. 그간 해당 게임장에 여러 번 방문했고 다른 놀이장에도 많이 다녔지만, 그 직원처럼 일하는 사람을 본 적이 없었다. 고객의 감정에 시종일관 공감하고 응원해 주면서 게임에 실패했을 때 즉석에서 공을 하나 더 제공하는 센스라니. 이런 직원을 두는 사업장은 아무 걱정이 없을 것 같다.

한국인들은 어딜 가도 대접받길 원하므로 서비스는 고객만족 영역에서 가장 중요한 이슈이다. 그런데 불친절한 사장, 직원이 있는 곳들이 의외로 많다. 어떤 경우엔 '불친절'이 아니라 '무뚝뚝'인 경우도 있다. 타고난 성격상 싹싹하지 못하고 잘 웃지 못하는 건데 이를 잘 모르는 고객들은 "싸가지 없다", "불친절하다"고 오해하는 거다.

이런 이들은 아무리 웃으라는, 싹싹하라는 말을 들어도 쉽사리 변화하지 못한다. 타고난 성격이라 쉬이 바뀔 수가 없다. 이렇게 무뚝뚝한 직원들이 포진한 사업장은 상품의 질이 별나게 좋거나 음식 맛이 무척 뛰어나지 않는 한 고객들로부터 외면받을 수밖에 없다.

만약 직원의 무뚝뚝함이 도통 바뀌지 않아 고민이라면 해당 직원을 교체하는 게 나을지, 강도 높은 직원 교육을 해야 할지 고민해야 한다. 직원에게 변화하지 않으면 함께할 수 없다는 따끔한 조언을 하는 것도 필요하다. 고객응대의 최전선에 선 이들로 인해 사업장의 이미지와 매출이 좌우되기에 양보할 수 없는 사안이다.

직원 교체보다 교육을 택한 사장님들이라면 디즈니의 직원 교육을 눈여겨보기 바란다. 더그 립(Dugg Lipp)은 〈디즈니 유니버시티〉라는 자신의 저서에서 디즈니랜드 직원들은 모두 디즈니 영화 속 등장인물(캐스트 멤버)로 불리며 '쇼에 출연하는 배우로서 고객들의 행복을 만든다'고 하였다.

더그 립은 디즈니랜드에서 20년 이상 직원 교육을 담당한 전문가이고, 그의 책 제목은 디즈니가 직원 교육을 위해 1962년에 설립한 사내 교육기관의 이름이다. 정규직, 아르바이트를 불문하고 누구나 이곳에서 6개월간 교육을 받아야 한다. 디즈니가 직원 교육에 얼마나 많은 관심과 물리적 비용을 투자하는지를 알 수 있는 대목이다. 캐릭터로 분장한 직원뿐 아니라 환경미화 직원, 시설 담당 직원 등 모든 이들에게 고객의 행복을 가르친다는 게 대단해 보인다.

디즈니랜드가 추구하는 친절함은 어느 정도일까? 어린이 고객들이 많다는 특성상 직원들이 분장 중이라는 사실이 절대 알려져서는 안 된다. 직원들은 아무리 더워도 고객들이 있는 오픈된 장소에서 인형 탈을 벗거나 물을 마시지 않는다. 디즈니랜드 지하에는 직원들이 지나다니는 거대한 터널까지 존재한다.

직원들은 고객들의 질문에 모른다는 답을 절대 해서는 안 된다. 아무리 예상치 못한 질문을 받아도 답할 수 있도록 교육받는다. 예를 들어 팅커벨이 하늘을 날기 전에 무엇을 먹는지 질문받는다면 "작은 사과"라고 답해야 한다.

이런 사례도 있다. 한 아이가 팝콘 상자를 떨어뜨렸다. 팝콘이 사방으로 흩어져 아이는 울음을 터뜨리고 말았다. 옆에 선 아버지가 부주의하다고 혼을 내니 더 서러웠을 것이다. 이 광경을 지켜보던 환경미화 직원 티머시는 아이에게 다가갔고 몸을 낮춰 아이의 눈을 들여다보면서 말했다.

"팝콘이 쏟아져서 너무 마음이 아프겠네. 미키마우스가 네가 많이 슬퍼한다고 하면서 훨씬 더 큰 팝콘을 선물하고 싶다는구나."

말이 끝나기가 무섭게 티머시의 등 뒤에서 새 팝콘이 등장했다. 아이 입장에서는 마치 마법과 다르지 않았을 순간이었다. 디즈니랜드엔 숱한 고객감동 일화가 존재하는데 이 사례는 그중 하나일 뿐이다.

디즈니랜드의 친절 정책은 고객들뿐 아니라 직원들도 감동시킨다. 디즈니엔 장기 근속한 직원들이 꽤 된다. 어린 시절 디즈니를 통해 꿈과 환상의 세계를 경험한 추억이 있는 직원들은 그곳에서 되도록 오래 일하기를 바라고, 그곳을 찾는 어린이들이 자신들처럼 추억을 갖기를 원한다(안타깝게도 코로나팬데믹으로 인한 고객급감으로 2020년 디즈니랜드는 대량직원해고를 감행했다. 코로나로 인한 비정상화가 제자리를 찾으면 디즈니랜드가 어떻게 바뀔지 좀더 지켜봐야 할 것 같다).

여기까지 읽고 나서 "디즈니랜드는 세계적 기업인데 어떻게 이곳처럼 직원 교육을 시키겠는가"라고 손사래를 치지 말자. 우리 사업장에 맞는 직원 교육을 생각하면 된다. 사업장에 오는 고객들이 주로 질문하는 내용을 일목요연하게 파일로 정리하여 직원들에게 주지시키고, 늘 고객들의 입장에서 불편한 점을 살피고 한발 앞서 움직이자고 말해 주자. 무엇보다 사장이 솔선수범해야 한다. 주야장천 사업장을 비우면서 직원에게 잔소리로 친절을 강요해서야 제대로 된 교육이 될 리 없다.

직원들을 춤추게 하는 마법의 단어

좋은 직원들이란 누구를 말할까. 한마디로 정의한다면 사장과 같은 마인드를 가진 이들이다. 사장처럼 고객을 유치하는 데 열정적이고 매출 증대에 관심이 있다. 시키지 않아도 일을 찾아서 한다. 자신의 발전과 회사의 발전을 동일시한다. 요즘엔 이런 삶을 희생적이라며 비판하는 사람들이 많지만, 사실 오랫동안 사회생활을 한 이들은 한목소리로 말한다. 조직에서 자기 일을 프로답게 하는 사람이 자기 사업을 차려도 성공한다고.

사장 마인드로 사업장을 아껴줄 직원을 어떻게 하면 찾을 수 있을까. 내 사업장을 누구라도 다니고 싶은 곳으로 만들면 된다. 직원들 입장에서 다니고 싶은 사업장이란 자신에게 정당한 대가를 지불하는 곳이다. 우리가 일하는 이유는 자아실현 외에 생활을 영위해 나가기 위해서인 만큼 연봉은 직원들이 사업장을 선택하는 가장 중요한 기준이다. 상식적으로 생각하면 답이 나온다.

대학생 때 잉어빵 노점을 할 때 오후 4시부터는 내가 일했지만 그전 시간대에는 아르바이트생을 고용했다. 그에게 아르바이트계의 통상적 기준보다 높은 임금을 주었다. 카페바 등 사업장을 운영할 때도 마찬가지였다. 업계 평균 연봉은 조사하면 다 나오지 않는가. 넉넉한 형편이 아닐 때도 직원들 연봉을 업계 평균보다 높게 책정했다. 사장으로서 최선을 다해야 직원에게도 최선을 요구할 수 있어서다. 무조건 인건비를 낮추려고 하는 사장의 시도는 직원을 불쾌하게 만들어 근로 의욕을 떨어뜨리고 사업장을 떠나게 만든다.

임금 인상은 직원을 춤추게 하는 마법의 단어이다. 다양한 복지정책이 있지만 직원들을 가장 행복하게 하는 건 풍족한 대가이다. 좋은 직원을 만나고 싶다면 당연히 합당한 투자를 해야 한다.

직원 200명 이상의 중견 기업을 운영 중인 지인이 있다. 그는 사회공헌 활동을 많이 하는데, 그중 하나가 장학금 지급이다. 중고등학교, 대학교 등에서 공부를 잘하는데 가정형편이 어려운 학생들을 찾아서 장학금과 생활비를 지원한다. 그에게 대단하다고 칭찬해 주었더니 머쓱해하면서 이렇게 말했다.

"좋은 일이지만 꼭 그렇지도 않아. 그 친구들이 우리 회사 입사하게 하려고 그러는 거지. 될 성 부른 나무를 떡잎부터 발견하고 싶은 거라고."

설명을 듣고 보니 좋은 방법이란 생각이 들었다. 학생들은 자신이 힘들 때 도움을 준 기업을 잊지 못할 테고, 기회가 된다면 보답코자 할 것이다. 이런 마음으로 입사한 직원들이 많을수록 사업장 전체에 선한 영향력이 퍼져나가게 된다.

우리에게 잘 알려진 포토샵 프로그램을 만든 미국 기업 어도비(Adobe)는 매년 1주일 휴무제를 시행하고 있다. 매년 성탄절과 7월 4일 독립기념일을 전후해 일주일간 회사 문을 닫는다. 이때는 상급자가 하급자에게 연락하는 게 일절 금지된다. 법적으로 정해진 연차 휴가를 쓰려고 해도 사장님이나 상급자가 "왜 쉬려고 하느냐", "어디 가려고 하느냐"를 물어보는 통에 눈치를 봐야 하는 우리나라 직장인들이 보기엔 무척 부러운 복지 혜택이다.

미국의 슈퍼마켓 체인기업 히브(H-E-B)는 직원들에게 동종업계 기업들보다 높은 연봉을 지급할 뿐 아니라 자사 상품의 할인 구매, 보장성 보험 가입, 유연근무제 도입 등으로 유명하다. 워라벨을 추구할 수 있어 직원들의 만족도가 높다.

히브(H-E-B)는 직원들에게 따뜻한 복지를 실시하는 만큼 고객에 대한 서비스도 뛰어나다. 2021년 미국 텍사스주에 기록적 한파가 찾아들었을 때 이로 인한 정전까지 발생해 많은 주민들이 추위와 배고픔에 떨었다. 이때 히브는 물건 값을 받지 않거나 싸게 공급하였고, 매장 밖에 길게 줄을 서 있는 고객들에게 꽃다발까지 나눠주었다. 고통에 동참하고 따뜻한 위로를 건넬 줄 아는 히브의 선행은 큰 화제가 되었다. 기꺼이 퍼주고 나눠주는 히브에게 고객들이 충성을 다하지 않을 리 없다.

해마다 각종 채용 정보 전문업체들이 직장인들이 좋아하는 복지제도, 일하고 싶은 기업을 조사해 발표한다. 사람인(Saramin)은 직장인을 상대로 '최고의 복지제도'를 주제로 삼아 설문조사를 실시했는데, 그 결과 '정기 상여금'이 1위를 차지했으며 휴가비 지원, 자기계

발비 지원, 식사 제공, 유연근무제, 자녀 학자금 지원 등이 최고의 복지제도 TOP 6에 올랐다. 반면에 불필요한 복지제도 1위는 '체육대회 같은 사내 행사'였다. 이 기사를 보고 실소를 금하지 않을 수 없었다.

그동안 수많은 사장님들은 직원들을 위한 복지 명목으로 회식, 체육대회, 등산대회 등의 행사를 개최했다. 그러나 이는 직원들의 마음과는 전혀 상관없이, 경영진만 좋은 행사였던 셈이다. 직원들을 위한 복지라면 직원이 무엇을 원하는가를 물어야 하는데, 경영진의 '라떼 정신'으로 밀어붙인 행사들 일색이다. 이처럼 만족이 없고 차별화도 되지 않는, 허울뿐인 제도들로 훌륭한 직원들을 사로잡을 길은 요원하다.

좋은 직원과 일하고 싶은가. 나도 그렇다. 좋은 직원과 일하고 싶다면 먼저 좋은 사장님이 되길 바란다. 직원이 고객에게 잘하길 바라면서 사장님은 왜 직원의 목소리에 귀를 기울이지 않는가. 내부 고객이 평온해야 외부 고객도 편안함을 느낄 수 있다. 사장님이 직원들 입장을 늘 경청하고 배려하고 자신이 받고픈 대접을 직원에게 돌려준다면, 굳이 찾아 헤매지 않아도 훌륭한 직원들 스스로 알아서 찾아오게 된다.

Tips 최교수 Tips②

상대방을 내 편으로 만들 수 있는 최고의 설득법

- 나의 스토리를 발굴할 것(내가 왜 창업을 했는지, 어떤 마음으로 상품을
  개발했는지, 당시 있었던 소소한 에피소드 등).
- (비싸지 않되 진심을 느낄 수 있는) 선물을 준비하여 "당신을 정말 좋아해요"
  라는 마음을 전할 것.
- 상대방의 모든 것을 아낌없이 칭찬할 것.
- 논리를 갖추되 감성 포인트를 적절히 섞어서 공략할 것.
- 만날 때마다 설득의 포인트를 차별화할 것.
- 상대방이 서서히 설득되는 것 같으면 굳히기 전략(지속적인 친절, 소박한 선물)
  을 구사할 것.
- 상대방의 입장을 배려하지 않는 무리한 욕심을 부리지 않을 것.
- 상대방에게 과한 목표가 아니라 '충분히 해 볼 만한' 목표를 제시할 것.

성공자들의 인맥관리 노하우

- 일주일에 스케줄을 정해두고 사람들을 만날 것.
- 회식 자리를 적극적으로 활용할 것(경영진, 상급자, 유명인 등 영향력 있는
  사람들과 합석하기).
- 다함께 모인 자리에서 적극적으로 친절을 베풀 것.
- 고객 리스트를 작성하여 (생일, 입학/졸업식, 결혼기념일 등) 중요 행사들을
  챙겨줄 것.

잘나가는 사장의 전략

잘나가는 사장들의 성공 전략

- 매일 정해진 시간에 직접 오픈하고 마감할 것.
- 원재료 관리를 직접 할 것.
- 들어오는 고객에의 환영, 떠나는 고객에의 배웅을 직접 할 것.
- 창업/운영에 있어서 손실 리스크를 최대한 줄일 것(자금 규모에 맞는 창업과 운영).
- 창업 전 착실하게 실전 경험을 쌓을 것(타 사업장에서 근무하면서 전반적 영역의 노하우를 배울 것).
- 타고난 됨됨이가 좋은 직원을 고용하고, 업계 중상위 수준의 연봉과 복지를 보장할 것.

FA GLOBAL FINANCE OÜ
FA GLOBAL
BK FINANCE LTD

성공을 부르는 자기관리 :
펄떡이는 심장을
유지한다는 것

01

〈〉

밥벌이의 치열함에
절망하더라도

〈〉

어느 날 일상이 끔찍하게 느껴질 때

아침 6시에 기상해서 동네 뒷산으로 향했다. 이른 아침 조깅과 스트
레칭을 통해 기초체력을 관리하는 건 선수 시절부터 해왔던 루틴이
다. 땀이 젖을 정도로 달리고 나서 돌아와 씻고 아침을 간단히 먹은
후 기숙사를 나섰다. 학교 수업 전에 잉어빵 장사를 준비하기 위해서
다. 포장을 걷고 세팅을 마칠 무렵 아르바이트생이 출근했다. 그는
오전 10시부터 내가 돌아오는 3시 반까지 장사를 맡는다. 임무 교대
를 하고 수업을 들으러 갔다.

　오후 3시에 수업이 끝났다. 부랴부랴 노점으로 달려가 아르바이

트생과 바통 터치를 했다. 오후 4시부터는 내 담당이다. 밤 11시까지 장사를 하고 뒷정리하면 자정이 된다. 기숙사로 돌아와 그때부터 공부 시작이다. 늦게 시작한 만큼 조금만 책장을 뒤적여도 금방 새벽 3~4시가 된다. 하루 2시간은 자둬야 하니 불을 끄고 잠을 청한다.

위의 내용은 대학교를 다닐 때의 일과이다. 대학원과 박사 학위 과정 때도 이와 크게 다르지 않다. 다른 거라면 하루 6~7가지의 직업을 소화하느라 더 많이 뛰어다녔던 것뿐이다. 하루 2~3시간 쪽잠을 자면서 낮엔 돈을 벌고 밤에 공부를 했다.

돈벌이와 학업을 병행했던 기간은 대략 15년 정도 되었던 것 같다. 한 가지 직업을 갖기보다는 파트타임으로 일하는 게 시간을 활용하기가 수월했다. 돈벌이 못지않게 공부도 중요했다. 아무것도 할 줄 아는 게 없어서 일거리를 구하기 힘들었던 경험 덕분에 공부의 필요성을 절감했다. 게다가 꿈이 교사이고 교수인 만큼 공부를 열심히 해야 하는 건 당연하다. 그래서 되도록 많은 아르바이트를 구했다.

닥치는 대로 일했지만 시급이 적었다. 하루 3시간을 일해도 만 원이 채 되지 않았고 하루 일당이 센 곳은 막노동 정도였다. 학비와 생활비, 대학원 석사와 박사 과정 그리고 사업자금까지 생각하면 단시간에 더 많은 돈을 벌 수 있는 일자리가 필요했다. 노점을 하고 자격증을 열심히 땄던 건 그 때문이었다. 노점이라도 수완이 좋아서 수입이 쏠쏠했고, 자격증을 따면 전문가로서 인정받을 수 있어 시급이 일반 아르바이트보다 훨씬 좋았다.

"집안 형편이 많이 어려워요?"

지독할 만큼 돈벌이에 매달리는 내게 누군가 이렇게 물었던 적이 있었다. 물론 우리집이 부유하진 않았지만 그 때문이 아니었다. 어린 날 맛보았던 절망감 때문이었다. 단 한 번도 의심하지 않았던 축구선수로서의 꿈이 좌절되면서 기필코 성공하고 싶어졌다. 나 때문에 하루아침에 장애를 얻게 된 아버지, 매일 무릎이 닳도록 기도하는 어머니에게 다시금 자랑스럽고 뿌듯한 기분을 안겨드리고 싶었다.

스물한 살 철부지가 뭘 알고 거리에 나섰겠는가. 나라고 거리에서 장사할 용기가 넘쳐났던 게 아니었다. 하지만 할 줄 아는 거라곤 축구밖에 없던 무경험, 무지식의 내가 할 수 있는 일이 많지 않다. 세 누나들은 자신들이 도와줄 테니 이제부터 공부만 해 보라고 했지만 그러기 싫었다. 10년 넘게 가족들의 뒷바라지를 받고도 모두에게 실망을 안긴 죄인이 아닌가. 내 힘으로 떳떳하게 일어서고 싶었다.

수입이 적잖았지만 절대 낭비하지 않았고 최소한의 비용으로만 생활했다. 반드시 성공하고 싶었으니까. 눈앞의 돈은 지금의 나를 따뜻하게 해줄 용도가 아니라 미래의 꿈을 이룰 씨드머니였다.

얼마나 지독하게 돈을 모았는지 모른다. 아침에 기숙사에서 식사를 하면 남은 잔반을 챙겨서 점심으로 먹었고(내가 일하면서 공부하는 학생인 걸 안 주방 이모님들께서 김치와 깍두기를 곧잘 챙겨주셨다), 친구들과 돈을 각출해 족발 같은 야식을 먹을 때면 일부러 뼈를 골라들었다. 남들은 살코기를 먹을 때 뼈를 뜯은 거다. 이런 나를 친구들은 특이하다고 했지만, 이는 뼈를 확보하기 위해서였다. 매일 밤늦게까지 노점 장사를 하느라 기숙사에서 저녁밥을 먹을 수 없었다. 그래서 뼈를 모아두었다가 사골처럼 끓여서 즉석밥과 함께 먹음으로써 저녁을 해결했다. 기숙사 방에서 수시로 침대나 장롱 바닥을 50센티미터 자로 훑어서 동전을 긁어모았다. 학교에서 MT 행사를 진행하고 나서 남은 반찬류와 즉석밥을 가져오기도 했다. 여학생들이 많았고 남자로서 멋지게 보이고 싶었지만, 허구한 날 라면으로 끼니를 때우며 일을 쫓아다니는 내가 그렇게 보일 리 없었다.

이렇게까지 돈을 모았다는 걸 당시 친구들에게 말하기가 부끄러웠다. 그래도 일하면서 공부할 수 있는 현실을 다행으로 여겼다. 저금통장에 돈이 불어나는 데에도 재미를 붙였다. 이만하면 잘하는 거라 여겼는데, 어느 날 느닷없이 자부심이 무너져내렸다. 나를 무너뜨린 건 다름 아닌 2002 한일 월드컵이었는데, 대학교 4학년 때였다.

2002년은 월드컵 열기로 나라 전체가 떠들썩했다. 거리를 걸어가면서 누군가가 짝짝짝 짝짝~ 박수를 치면 다른 누군가가 "대한민국~"을 외쳐도 어색하지 않던 시절이었다. 경기가 있는 날에 학교 친구들은 함께 모여 광화문으로 응원을 나갔다. 난 잉어빵을 굽느라 가지 못했다.

우리 축구 대표팀은 16강에 진출한데 이어 8강까지 돌파했다. 세상에, 우리나라가 꿈에도 그리던 4강이라니. 온 나라가 축제 분위기였다. 함께 공을 찼던 동기들, 선후배들이 연일 신문지상에 오르내렸고, 모두가 그들을 자랑스러워했다. 그 광경을 보면서 서서히 마음이 무너져내렸던 것 같다.

'죽어야겠다.'

살면서 두 번째로 죽을 결심을 했다. 그 마음으로 학교 뒷산을 올랐다. 사방은 칠흑처럼 캄캄했다. 휴대폰 조명에 의지해서 길을 비춰가면서 한 발 한 발 앞으로 나아갔다. 죽기 위해 조심조심 걸음을 뗀다는 게 아이러니했다. 매일 체력 단련을 위해 뛰었던 길이 오늘은 죽음으로 인도하는 길로 뒤바뀌었다.

'난 도대체 뭘 하고 있는 걸까?'

그동안 각종 아르바이트를 하면서 돈을 벌고, 황금 잉어빵 노점이 방송을 타면서 성실하고 재주 많은 청년으로 유명세를 얻었던 게 다 초라하게 느껴졌다. 나는 본래 축구선수였지 않은가. 저들과 그라운드에서 뛰어야 하는데 여기서 대체 뭘 하고 있는 거지? 잉어빵 노점? 이게 다 뭐란 말인가. 동료들은 화려한 스포트라이트를 받으면서 우리 모두의 꿈을 이뤄가고 있을 때, 난 그저 어느 대학 후문에서 노점을 하며 아등바등 살아가는 학생에 지나지 않았다. 그뿐인가. 근로장학생, 초등학교 방과 후 축구교실 지도사, 기숙사 총학생회장까지 돈을 벌 수 있는 일이라면 닥치는 대로 뛰어다니고 있었다. 죽자사자 일하는 현실이 지긋지긋해졌다. 아니 끔찍했다.

축구선수가 되었다면 어땠을까. 아무개처럼 되었을까. 자문했다.

만약 축구를 계속했더라면, 2002 월드컵에 국가대표선수가 되었다면, 그랬더라면, 그랬더라면. 이 생각이 나를 자긍심에서 떼어놓고 벼랑 끝으로 몰아세웠다.

이렇게 살기 싫다. 가슴속에서 뜨거운 무엇이 올라왔다. 죽기로 결심하고 학교 뒷산을 오르기 시작했다. 새벽 운동 때 봐두었던 호수에 뛰어들 생각이었다. 한참을 걸어 올라오자 시커먼 호수가 휴대폰 불빛에 모습을 드러냈다. 어둠 때문인지 한없이 깊고 단단해 보였다.

'이렇게밖에 할 수 없어? 정말 죽는 게 최선이야?'

어디선가 질문이 들려왔다. 귀가 아니라 가슴에서 들려오는 소리였다. 호숫가에 쪼그려 앉아 물끄러미 물을 내려다봤다. 검은 호수 물 위로 지금까지의 내 삶이 파노라마처럼 펼쳐졌다. 그중에서도 지나칠 수 없었던 건 부모님과 누나들이었다. 언제나 나를 믿어주고 지원해 주었던 가족들. 나 때문에 웃고 울던 순간들. 그 얼굴들을 뒤로하고 도저히 물속으로 뛰어들 수 없었다. 얼마나 앉아 있었을까. 기억이 잘나진 않는다. 사방이 고요하고 풀숲과 나뭇잎이 바람에 버스럭대는 소리만 귓가에 울렸다. 살아야지, 살자, 이전에도 죽을 각오로 살자고 하지 않았냐, 살자, 살자. 생과 사의 경계에서 발걸음을 돌렸다. 삶 쪽으로.

산을 내려온 이후로 다시는 죽을 생각을 하지 않았다. 그때 왜 죽고 싶었을까. 어쩌면 내재되었던 마음의 어려움이 터진 것일 수도 있다. 지금도 힘들어 죽겠는데 앞으로도 힘들 거 아냐. 그 걱정이 한꺼번에 밀려왔다. 당장 앞은 보이지 않고 교사와 교수란 꿈은 너무 멀리에 있었다. 거기까지 가기가 고달팠다. 차라리 다 던져 버리고 싶었다.

죽을 결심을 두 번이나 했다는 걸 가족이나 지인들도 잘 모른다. 늘 하하 웃으면서 생기발랄하게 다니는 걸 보고 속없는 놈 취급하는 사람들도 적잖다. 하지만 속마음은 그렇지 않았다. 마음의 울분이 쉽게 풀릴 리 있을까. 때때로 위험한 기복을 넘기면서 여기까지 왔다. 밥벌이의 치열함은 나를 죽고 싶을 만큼 궁지에 몰아넣었지만, 그 덕에 오늘의 내가 있게 되었다는 것 또한 부정할 수 없는 사실이다. 시련은 쓰디쓰지만 결국은 사람을 자라게 만든다.

폭망의 순간, 최대한 짧게 끝내야 하는 것

사람은 누구나 좌절의 순간을 맞는다. 누구나 성공을 꿈꾸지만 자칫 잘못하면 바닥으로 곤두박질치기 일쑤이다. 높은 비상을 꿈꿨던 만큼 추락은 가슴에 생채기를 입힌다. 다친 마음을 회복하는 건 쉽지 않다.

혹 지금 좌절해서 바닥을 치고 있는 사람들이 있다면 이렇게 말해 주고 싶다. 스스로의 잘못으로 곤두박질치는 경우는 별로 없다고. 예컨대 직장에서 해고를 당했거나 믿었던 사람에게 사기를 당했거나 하는 일이 발생했다고 가정하자. 본인이 뭔가를 크게 잘못해서 이런 일을 겪는 게 아닐 수 있다. 온전히 자기 잘못은 아니라는 점이다. 환경이 급격하게 변해서 혹은 누군가의 훼방으로 혹은 상대방의 악의(惡意) 때문에 일이 잘못되었을 수 있다. 그렇기에 자신을 학대하지 않고 새로운 길을 찾는 게 중요하다. 폭망했다고 해서 좌절감을 길게 가져갈 필요가 없다. 어느 누구에게도 도움이 되지 않으며, 무엇보다 내 무릎을 일어서지 못하도록 꺾어 버리기 때문이다.

좌절감으로 바닥으로 추락한들 나만 손해이다. 나를 자른 사람들이 후회하겠는가, 사기 친 사람이 반성하겠는가. 오히려 추락한 나를 보고 "그럴 줄 알았다"며 혀를 차지 않으면 다행이다. 그러니 보란 듯이 툭툭 털고 일어설 결심을 하는 게 훨씬 낫다.

"이토록 열심히 일한 나를 승진을 시켜주기는커녕 자르다니. 좋아, 보란 듯이 더 좋은 회사에 들어가서 성공하겠어."

"사기를 당했다고 절대 무너지지 않아. 재기해서 더 근사하게 사는 모습을 보여 주지."

내가 강연에서 많이 하는 말이 있다.

"후회는 최대한 짧게 하셔야 합니다."

때로는 후회를 해야 한다. 후회를 해서 반성을 하고 다시는 그런 일이 반복되지 않게 하는 게 중요하다. 재점검 차원에서 후회는 필요하지만 너무 길면 좋지 않다. 후회가 짧을수록 일어서기가 쉬워진다.

다이어트를 결심한 이가 있다. 4일 동안 물과 샐러드만 먹으면서 열심히 다이어트를 했다. 그런데 5일째 되던 날 저녁에 너무 배고파서 라면 한 그릇을 먹었다. 먹고 젓가락을 내려놓는 순간 후회한다. 먹지 말걸 한탄하면서 잠이 든다. 다음 날에 친구들을 만나 얘기하면서 또 후회한다. 부질없는 행동이다. 그렇게 말한다고 이미 몸에 들어간 칼로리가 사라지는 게 아니니까. 이처럼 의미 없는 불평, 후회는 불필요하다. 그보다는 먹고 싶은 음식을 맛있게 먹었으니까 그만큼 운동 강도를 높이면 된다. 인생에서 폭망을 겪었을 때 필요한 자세는 이런 것이다.

좌절감과 후회를 최대한 빨리 끝내라는 건 단순해 보일 수 있지만, 단순한 게 진리일 때가 많다. 축구선수 시절 운동을 마치고 마사지를 많이 받았다. 트레이너가 목과 어깨를 주물러 주었다. 그러면 이 부위뿐 아니라 전체적으로 몸이 풀린다. 체했다고 하면 엄지와 검지 사이에 움푹 패인 부분(합곡혈)을 마사지하면 된다. 몸이 쑤실 때 목과 어깨 마사지, 체하면 합곡혈 마사지, 세계적인 트레이너와 우리 동네 트레이너가 똑같이 얘기한다. 이처럼 진리는 단순하다.

자살하려고 호수에 갔을 때 눈을 감고 생각했었다. 사방이 어두운데 눈까지 감으니 어떤 빛도 느껴지지 않았다. 그야말로 암흑이었다. 잠시 후 눈을 떴는데 아무것도 안 보였다. 보이지 않으니 두려움이 엄습했다. 죽으려고 결심한 놈이 어둠이 두렵다니. 그 상황이 우스웠다.

그러면서 깨닫게 된 것은 내가 건강하다는 것이다. 지금은 어둠 때문이지만 눈도 잘 보이고 운동을 오래한 덕분에 남들보다 몇 배는 건강하다. 심장이 펄떡이면서 온몸에 뜨거운 피를 돌게 해주는데 못할 일이 뭐가 있을까. 나보다 훨씬 더 힘들고 고단한 삶을 사는 분들도 많다. 그분들에 비하면 난 얼마나 가진 게 많은가.

이때의 경험을 강연 때 가끔 이야기한다. 특히 중고등학교에서 강연할 때면 꼭 말해 준다. 우리 앞에 펼쳐질 삶이 고될지라도 살아야 한다고. 그리고 잘 살 수 있을 거라고. 설혹 망하는 순간이 와도 다시 일어설 수 있다. 그러니 부디 밥벌이의 치열함에 지지 마시길.

헬렌 켈러는 "얼굴에 계속 햇빛을 비추게 하세요. 그러면 당신은 그림자를 볼 수 없습니다."라는 말을 남겼다. 그를 존경하지만 이 말이 백 퍼센트 맞진 않는 것 같다. 삶은 우리에게 계속 빛만을 보여 주진 않는다. 때로는 정면에서 번개와 벼락을 내리꽂기도 한다. 하지만 그럼에도 불구하고 우리는 잘해 낼 수 있다. 지금 아무리 고통스럽더라도, 견디겠다고 결심하는 한 모든 게 결국 지나간다. 우리가 흘려 버리지 못할 건 없다.

02

바로 내일이
결승전인 것처럼

전지전능한 성공자가 있을까

"성공 비결이 뭘까요?"

강연장에서 학생들로부터 곧잘 이런 질문을 받는다. 학교로부터 오늘 강연이 있으니 참여하라는 권유를 받고 반강제(?)로 앉아 있는 학생들에게서 질문이 나오는 건 퍽 반가운 일이다. 아마도 학교에서는 강연자가 성공했고 배울 점도 많은 분이라고 학생들에게 설명했을 터이다. 남들보다 특별한 사람처럼 인식된다는 건 부담이다. 다른 강연자들도 그런 부담감을 안고서 강연을 할 것이라 생각한다.

수많은 강연자들이 성공 비결을 얘기한다. 지금 책을 쓰는 이 순간에도 성공 비결을 설명하려고 애쓰는 중이다. 하지만 다들 아시다시피 성공 비결이라는 게 대단한 건 없다. 사실 뭐 우리가 모르는 성공 비결이라는 게 따로 있을까. 누누이 말하지만 우리의 삶을 바꿔줄 진실은 퍽 단순하다.

〈이웃집 CEO〉라는 책을 읽은 적이 있다. 이 책의 저자들을 포함한 연구자들은 'CEO 게놈 프로젝트'라는 이름으로 성공한 CEO 2천 6백 명의 행동을 분석하여 프로젝트 이름 그대로 CEO가 어떤 유전자를 가지고 있는지를 추출해 냈다. 책이 재밌어서 읽으면서 메모도 해두고 저자들과 관련된 기사도 찾아봤던 기억이 있다.

이 책의 저자들은 성공한 CEO들에게 남들과 다른 특별한 점이 없다고 말한다. 그들은 우리와 똑같이 실수와 실패를 맛보았고 일류대를 졸업한 경우도 별로 없었다. 2천6백 명의 CEO 중 아이비리그를 졸업한 사람은 7퍼센트에 불과했다. 세상에, 어릴 때부터 명문대 진학을 목표로 스펙을 쌓느라 고생하는 우리 학생들이 들으면 반색할 소식이다. 심지어 처음부터 CEO가 되겠다는 꿈을 꿔본 적도 없는 이가 70퍼센트 이상이라고 한다. 쓰레기를 수거하는 트럭을 운전하는 기사였는데 폐기물 처리업체를 운영하는 CEO가 된 사람도 있었다.

이 책의 저자 중 엘레나 보텔로의 인터뷰 기사를 읽었다. 경영 전략 컨설턴트로 활동 중인 그는 책에 소개했던 CEO들의 특징에 대

해 설명해 주었다. 그들이 특별한 사람들은 아니지만 네 가지 공통점
이 있다는 것. '과단성, 주도적 적응력, 엄격한 신뢰성, 영향력 확대
를 위한 관계 형성'인데 이를 DARE(Dare, Adapt, Reliable, Engage)라
는 단어로 표현하였다.

- 과단성(Dare) : 확신을 갖고 빠르게 결정한다.
- 주도적 적응력(Adapt) : 미래에 대한 불안감을 빠르게 극복해 적응
한다.
- 엄격한 신뢰성(Reliable) : 다른 사람들이 신뢰할 수 있도록 일관성
있게 행동한다.
- 영향력 확대를 위한 관계 형성(Engage) : 문제 발생 시 이해 관계
자들과 협력해서 결과를 이끌어낸다.

그의 말에 공감할 수 있었다. 주변에서 성공한 이들을 볼 때면 생
각보다 특별하지 않다는 생각을 하곤 했다. 하늘에서 그들에게만 금
덩어리를 떨어뜨려 주거나, 독특한 재능을 선사한 것도 아니었다. 그
러나 스스로를 믿고 타인에게도 믿음을 안겨주는 사람이라는 게 남
달랐다. 자신을 믿고 환경을 비관하지 않으며 좌절감을 빠르게 극복
해 낸다. 또한 새로운 길을 과감하게 찾아 나서며 그 길을 온 힘을 다
해 걸어간다. 이런 자신감과 돌파력, 집중력을 가지고 있으면 다른
이들에게 신뢰감을 안겨주는 건 물론이다. 나를 믿는 이들과 일을 도

모해 가는 건, 그렇지 않은 경우보다 쉽다. 성공의 크기가 커질 수밖에 없다.

성공한 이들의 기질을 추적해 나가다 보면 그들이 이룩한 부가 결코 우연히 아니라는 사실을 깨닫게 된다. 전지전능한 능력자는 존재하지 않으나, 성공할 만한 기질은 따로 있다.

바로 지금 최선을 다한다면

오랫동안 사업체를 운영하고 있는 형님이 있다. 알고 지낸 지는 10년이 훌쩍 넘은 듯하다. CEO 자리에 있으면서도 어떤 직원보다 열심히 일하는 모습이 존경스러워 잘 따른다. 이 형님에게 들었던 말 중에 인상적이었던 게 하나 있다.

"난 머리가 나빠서인지 큰 그림을 그리긴 어려워. 하지만 항상 내일은 준비하면서 살아."

사업체를 운영하는 입장인데도 연간, 5년, 10년 계획을 세우진 않는다고 했다. 회사 경영진 차원에서 계획을 세울지는 몰라도 CEO인 본인은 크게 연연하지 않는다는 것. 사업체를 꾸리면서 지금까지 회사를 좀 더 키우고 돈을 더 많이 벌어야겠다는 막연한 생각을 했을 뿐이라고 했다.

대신에 형님은 바로 다음 날에 할 일을 꼭 준비한 후에 잠이 든다고 했다. 미팅이나 공장 방문, 계약 등 내일 해야 할 일을 제대로 준비하지 않으면 밤이 새도록 일했다. 그래서 실수를 줄였고 다음 날 최선의 결과물을 얻을 수 있었다. 형님은 웅대한 계획이 없어도 내일을 대비해서 오늘 최선을 다하기만 한다면 잘 살 수 있다고 말해 주었다.

형님의 이야기를 들으면서 과거 축구선수로 뛰었던 시절이 생각 났다. 고등학교 2학년 때 우리 팀이 결승전에 진출했다. 그런데 주전 선수 중 한 명이 그만 부상을 입어 뛸 수 없게 되었다. 감독님은 그 자리를 누구로 대체해야 할지 고심을 거듭하고 있었다. 결승전 바로 전날, 감독님을 찾아가 결승전에 뛰게 해달라고 부탁했다.

"제 몸 상태는 지금 최고입니다. 한 번만 뛰게 해주세요."

감독님은 피식 웃음을 짓더니 그만 돌아가라고 했다. 결승전 당일 나는 주전으로 뽑혔고, 전후반 교체 없이 풀타임으로 뛰었다. 우리 팀은 2:0 승리를 거둬서 최종 우승팀이 되었다.

우승파티를 하면서 감독님이 말했다. 락커룸에서 선수들이 잡담 하고 있는 시간에도 내가 항상 몸을 풀면서 경기에 나갈 준비를 하는 걸 보았다고. 늘 경기에 나갈 만반의 준비를 갖추고 있었다는 걸 알기에 선발로 뽑은 거라고. 축구부와 야구부 선후배가 모두 모인 자리에서 감독님이 박수를 쳐달라고 해서 얼떨떨했었다. 후보 선수였음에도 마치 결승전에 나갈 선수처럼 대비를 했던 모습을 기특하게 봐주셨던 것 같다. 덕분에 우승팀 주전으로서 자랑스럽게 이름을 남길 수 있었다.

미래를 대비해 장기 계획을 세우는 게 좋을지 아닐지는 내가 판단할 순 없다. 난 계획형이라 계획을 세우는 걸 좋아하는 편이고, 어릴 때부터 지금까지 그렇게 살아왔다. 계획을 세우면 지키려고 하는 의지가 생기므로 무계획보다는 계획형으로 사는 게 좋다고 생각한다. 그러나 계획을 좋아함에도 인생사가 계획대로 되지 않는다는 사실을 알고 있다. 나만 해도 축구를 그만두고 온갖 직업을 경험하고 사업을 하면서 살게 될 거라고 꿈에도 생각하지 못했었다. 축구선수 최용덕이 아닌 레크리에이션 강사, 웃음치료사, 카페바 사장 최용덕이라니. 황당한 흐름이다. 뜻대로 모든 일이 흘러가지 않는다는 걸 감안한다면 계획을 세우는 게 성공의 필수 조건이라고 주장하기가 어렵다.

계획이 있고 없고를 떠나 형님의 말처럼 오늘 열심히 산다면 내일 최선의 결과를 얻을 거라는 건 분명하다. 일주일, 1개월, 1년 후를 예상할 순 없어도 내일 할 일은 예상, 계획은 모두 가능하니까. 그래서 형님의 방법을 추천하고 싶다. 미국의 작가인 잭슨 브라운도 "내일을 위한 최고의 준비는 오늘 최선을 다하는 것"이라고 말하지 않았던가. 내일 결승전에 출전한다는 마음으로 오늘 하루를 충실히 살아간다면, 이런 하루하루가 모여서 분명 더 나은 나로 성장할 수 있게 된다.

오늘 넘어졌어도 내일이 온다, 찬란하게!

내가 큰 성공을 거뒀다고 말할 순 없다. 그렇지만 〈이웃집 CEO〉에 대해 소개한 것처럼 일을 대할 때 과감하게 결단하고, 결단한 대로 적응하고자 하는 의지가 강한 편이다. 이런 기질 때문에 실패해도 주저앉지 않고 털고 일어나 새로운 길을 갈 수 있었던 것 같다.

교육대학원에 입학하고 버터구이 오징어 노점을 하고 있을 때 그토록 좋아했던 축구를 다시 할 기회가 한 번 있었다. 당시에 H실업팀에서 축구선수를 모집했다. 지금은 프로팀이 1, 2군으로 나눠 있지만, 그때는 프로가 1부 리그, 2부가 실업팀이었다. 2부 리그 중 H실업팀에서 선수를 모집한다며 공개 테스트 공고를 신문에 냈는데 이걸 친구가 보고 알려주었다. 학연이나 지연이 아닌, 오직 실력으로만 선수를 뽑는다는 걸 알고 흥미가 솟았다. 다만 3년이나 축구를 쉬었던 만큼 합격할 수 있는지는 미지수였다. 떨어지더라도 하루 2만 원씩 테스트 비용을 준다는 말에 장사를 쉬고 참여했다.

공개 테스트장에 가보니 아는 얼굴들이 보였다. 같이 선수생활했던 선후배와 동기들이었다. 그들은 잉어빵을 팔면서 공부하던 내가 왜 다시 축구하러 왔는지를 궁금해했다. 첫날 테스트를 마치고 집으로 돌아왔는데, 코칭 스태프의 연락을 받았다. 총 60여 명의 지원자들 중에 내가 영입 1순위라는 것이다. 3일간 진행된 테스트에서 내 실력은 단연코 상위였다.

감독님은 어머니에게 연락해서 "최 선수가 이대로 그만두기엔 너무 아까우니 운동을 다시 시켜보세요"라고 권유했다. 대학교 선수들과 경기를 뛰었을 때는 실력차가 다소 나타났지만, 체력이 매우 좋아서 가능성을 보았던 것 같다. 계속되는 권유에 고민하기 시작했다. 죽으라는 법은 없다더니, 이렇게 축구를 하게 되는 것일까. 기대감이 자라났다. 낮에 실업팀 선수로 뛰고 밤에 대학원에 다니면서 공부하면, 과거에 원했던 대로 선수이면서 교사가 될 수 있는 거였다. 게다가 실업팀 선수는 월급을 받으므로 힘들게 아르바이트를 계속하지 않아도 되었다. 연봉제에 성과급까지 있으니까 잘한 만큼 더 벌 수 있었다. 감독님의 권유를 받아들여 노점 문을 닫고 선수 생활을 시작했다.

이때 얼마나 행복했는지 모른다. 초록 그라운드를 밟으며 공을 찰 수 있게 되다니. 오랫동안 축구를 쉰만큼 실력차가 벌어진 걸 따라잡기 위해 죽기 살기로 운동했다. 동료 선수들보다 갑절의 시간을 썼던 것 같다. 새벽부터 일어나 개인 운동을 했고, 오후에 팀 훈련에 참여하고, 밤에는 대학원에 다녔다. 두 달 정도 악착같이 노력하니 예전 실력이 서서히 살아났다. 최용덕, 드디어 화려하게 부활하는구나! 가슴이 벅찼다.

행복한 순간은 오래가지 못했다. 처음으로 떠난 전지훈련에서 대학교 선수들과 연습 게임을 하다가 상대팀 선수가 찬 공에 오른손을 맞아서 부상을 당했다. 뼈가 부러지고 틀어져 병원으로 이송돼 수술을 받았다. 처음엔 손가락 다섯 개가 구부러지지 않았다. 6개월간 깁스를 해야 할 뿐 아니라 언제 손이 예전대로 돌아올지 기약이 없었다. 동료 선수들은 1년간 계약된 상태라 경기를 안 뛰고도 월급을 받으니까 편안하게 쉬라고 말해 주었다. 그러나 참을 수가 없었다. 감독님을 찾아가 물러나겠다고 했다. 코치진은 반대했다. 쉬면서 재활을 열심히 하라고 만류했지만 혼자 본사에 찾아가서 사표를 냈다. 이후 나 대신에 다른 선수가 들어갔고 팀 성적이 좋아졌다는 소식을 들었다.

오른손이 예전의 기능을 되찾기까지는 한참 걸렸다. 이를 악물고 재활운동을 해서 처음보다 많이 좋아졌다. 그러나 다시는 축구선수로 뛸 수 없었다. 그때 그만뒀던 이유는 재활이 언제 끝날지도 모르는데 경기에 나가지 못하면서 월급을 받는 게 떳떳하지 않다고 생각했기 때문이다. 어찌 보면 인생의 마지막 기회였는데 사고를 겪으면서 축구가 정말 내 길이 아니라는 생각을 했다.

팀에서 나온 후 다시 버터구이 오징어 노점을 열었다. 대학원에도 계속 다녔다. 대학교 때는 축구를 그만둔 좌절감에 죽을 결심을 두 번이나 했으나, 이번에는 그렇지 않았다. 뜻하지 않은 사고를 경험하면서 축구가 내 길이 아니라고 받아들여서 방향을 빠르게 전환할 수 있었다.

물론 아쉬웠고 속이 쓰렸다. 그래도 그전보다는 포기가 빨랐다. 동료 선수들과 감독님, 코치분들도 내가 어떤 마음으로 축구를 대했는지 알고 있어서 축구 인생의 막을 내림에도 신뢰와 응원을 보내주었다.

뭔가를 성취해 내려면 늘 펄떡이는 심장을 유지할 수 있어야 한다. 그러나 모든 상황에 펄떡이는 심장을 내걸 필요는 없다. 내 길이 아니라면 되도록 빠르게 심장을 거둬들여야 한다. 내 길이 아닌 곳에서 넘어졌다고 인생이 망하지 않으며, 덕분에 더 찬란한 내일이 올 수 있다. 미국의 과학자이자 기업인인 알렉산더 그레이엄 벨은 "한쪽 문이 닫히면 다른 문이 열린다. 그러나 우리는 닫힌 문에 집착한 나머지 열린 문을 보지 못한다"고 말했다. 과거의 실패에 집착하느라 새로운 미래를 못 본 척하는 어리석음을 범할 것인가.

내 것이 아닌 길은 과감하게 접자. 빨리 결단할수록 '진짜 내 길'이 나타난다. 그 길에 펄떡이는 심장을 걸어야 한다.

03

자본 없이 큰돈을 번
사람들이 가진 단 하나의 무기

스펙 vs. 현장 경력, 최후의 승자는?

대학교 때 황금 잉어빵 노점 외에 많이 했던 아르바이트가 행사 MC 였다. 행사 MC는 보통의 아르바이트보다 시급이 훨씬 좋아서, 이걸 해서 좀 더 돈을 벌어야겠다고 생각했다. 어릴 때부터 말재주 좋다는 소리를 들었고 대학교 때 학교 행사 MC를 곧잘 봤던 터였다.

그런데 현실은 달랐다. 난 우물 안 개구리였다. 처음으로 돈을 받고 선 무대에서 그야말로 큰 망신을 당했다. 세 개 대학교가 연합한 행사의 MC였는데 무대에 선지 얼마 되지 않아 재미없다는 야유가 쏟아졌다. 야유와 조롱을 견디지 못하고 30분도 채 되지 않아 무대에서 쫓겨나듯 내려와야 했다. 얼굴이 화끈거렸고 한동안 의기소침해졌다.

가끔 이런 말을 많이 듣는다. 내가 학교 다닐 때 무엇 무엇을 잘해서 이름을 날렸다는 자랑 말이다. 글을 잘 쓴다든지, 말을 잘한다든지, 공부 좀 했다든지 등등으로 말이다. 의미 없는 자랑이다. 학교 때 '놀아본 것'은 사회에서는 진짜 실력으로 취급받지 못한다. 어릴 때의 시간에 갇혀 있는 우물 안 개구리는, 정식으로 비용을 받고 그 값어치를 해야 하는 무대에 적응하지 못한다. 첫 무대에서의 실패 덕분에 사회에서는 정말 프로가 되어야 한다는 걸 절감했다.

프로가 되어야 한다는 말은 당연하지만 어떤 면에서는 난처하다. 왜냐면 누구나 초년생 시절이 있으며, 초년생의 과정을 밟지 않고 단박에 프로가 될 수 없기 때문이다. 그래서 초년생 이전에 착실하게 경력을 쌓아야 한다. 초년생 이전의 경력이라면 뭘 말할까. 아르바이트라고 부르는 경험을 말한다. 예를 들어 자동차 회사에서 일하는 게 꿈인 청년이라면 대학교 때 자동차 대리점에서 아르바이트를 하는 거다. 음식점 경영을 하고 싶다면 남의 음식점에서 허드렛일부터 배우는 것이다.

미국의 존경받는 학자이자 작가인 윌리엄 라이온 펠프스는 "모든 소년 소녀는 돈이 필요없다 하더라도 나중에 하고 싶은 직업을 미리 체험할 기회가 있다면 해 봐야 한다"고 말했다. 그래야 직업에 대해 제대로 알게 되고, 내 적성과 맞는지도 시험해 볼 수 있으며, 이후 정식 무대에 올랐을 때의 실수를 줄일 수 있기 때문이다. 수련 과정을 거치지 않고 직장인 혹은 사업가가 된다면 초년생으로서의 좌충우돌은 피할 수 없다. 아르바이트를 통해 경력을 쌓아도 정직원으로서의 할 일은 또 다르기에 난처한 일 투성이일 텐데, 아예 경험이 전무하다면 실수는 더 심해질 가능성이 많다.

그런데 많은 이들이 실전 경력을 쌓는 걸 꺼려한다. 남들이 잘 사는 걸 부러워하면서 그들의 피땀 어린 길은 걸어가려 하지 않는 거다. 그저 빨리 성공해서 부자가 되고 싶을 뿐이고, 뜻대로 안 되니 세상에 대한 불평불만과 비관이 늘어간다. 이래서는 성공의 근처에도 가지 못할 게 뻔하다.

중고등학교에 강연을 나가 학생들에게 꿈이 뭐냐고 묻는다. 의사, 과학자, 연예인, 대통령 등 다양한 꿈이 등장한다. 어릴 때는 이런 꿈을 꿀 수 있다. 그러나 성인이 되면 달라야 한다. 막연하게 무엇이 되고 싶다면서 생각만 하는 것으로는 부족하다. 그 꿈과 관련된 실질적인 경험을 쌓아야 한다. 의사가 되고 싶다면 병원에서 자원봉사를 해 보고, 정치인이 되고 싶다면 선거 때 자원봉사 활동을 해 보는 거다. 이런 현장 경험으로 내 꿈을 더욱 좋아할 수 있고 현실화할 수 있다. 꿈의 실현을 위해 무엇을 준비해야 하고, 어떤 자질을 더 가져야 하는지를 알아낼 수 있다. 그 직업에 대해 잘 모르는데 먹고 살 만하다고 해서, 안정적이어서 해 보겠다는 건 곤란하다. 거의 반평생을 동행할 직업인데 잘 알지도 못하는 상태에서 선택해서야 되겠는가. 적어도 꿈이라면 그게 어떤 것인지 체험해 봐야 한다고 생각한다.

　나는 고등학교 체육교사로 일하면서 학교를 설립하겠다는 꿈을 꾸게 되었다. 당시 정식 교사라기보다 문제 학생을 지도하는 역할이 었는데 아이들을 지도해 대학 진학까지 성공하면서, 아이들이 멋진 미래를 만들어가는 데 좀 더 적극적인 도움을 주고 싶어졌다. 우리나라는 OECD 10위권의 경제대국임을 자랑하지만, 아직도 경제적 어려움으로 인해 학업을 포기하거나 집안 문제로 비행에 빠지는 아이들이 많다. 재능과 꿈이 있어도 뒷받침이 없어서 대학을 가지 못하는 아이들을 가르쳐 줄 대학교를 만들고 싶어졌다. 석사 과정을 마치고 박사 과정까지 마치게 된 건, 대학교 교수 더 나아가 설립자가 되는 꿈을 확실하게 하기 위해서였다. 축구 선수의 꿈이 좌절되면서 교사가 되고 교수까지 될 거라고 이를 악물었지만, 교수까지는 좀 막연했었다. 그랬던 것이 체육교사가 되어 아이들을 가르치면서 구체화된 것이다. 실전 경력은 이처럼 꿈이 생동감을 갖게 해준다.

　나는 아르바이트와 봉사를 통해 실전 경력을 쌓았다. 후자의 경우 내 실력이 미흡해도 타인들의 시선은 너그럽다는 장점이 있다. 말 그대로 봉사이니까 사람들이 나무라지 않고 넉넉한 시선으로 바라봐주게 된다. 그래서 스물한 살 때부터 봉사 활동을 통해 경력을 쌓았다. 웃음치료, 마술, 레크리에이션, 종이접기, 구연동화 등 자격증을 따고 나면 봉사를 통해 어김없이 경력을 쌓아나갔다.

우리나라의 학생들은 취업을 위해 스펙 쌓기에 올인하는데, 그보다는 경력을 쌓으라고 말해 주고 싶다. 서류상 존재하는 자격증보다 작은 무대의 실전 경험이 더 귀하다. 나도 자격증을 52개나 딴 사람이지만 이 자격증이 서류상으로만 존재한다면 아무 의미가 없다. 자격증을 따는 족족 그와 직결된 현장에서 일하여 경력을 쌓았기 때문에 해당 분야 전문가로 인정받을 수 있었다.

이렇게 경력을 쌓고 나니 정식 무대에 서도 실수가 줄어들었다. 다양한 변수가 발생해도 두려워하지 않고 맞대응할 수 있었다. 초년병 시절에는 매우 두려웠던 변수가, 경력을 쌓은 후부터는 내 능력을 더 도드라지게 만들어주는 기회로 탈바꿈하였다.

경력이 쌓이면 임기응변에 강해진다

서울의 고급 호텔에서 행사 MC를 봤을 때의 일이다. 중견그룹 CEO들의 모임이었는데, 본격적인 행사에 앞서 1시간 정도 분위기를 띄우는 식전 행사를 맡아달라는 것이었다. 참가자들의 사회적 지위와 경제적 능력에 맞춰서 품격 있는 경품 몇 가지를 주최 측에 주문하였다.

행사 당일, 문제가 발생했다. 주최 측은 경품을 하나도 준비하지 않은 것이다. 두 가지를 같은 성질로 착각했다면서 담당자는 당황스러워했다. 당황스럽기는 내가 더했다. 분위기를 띄우는 데 중요한 역할을 하는 경품이 없다니, 전쟁터에 나가기 직전에 총을 깜박했으니 빈손으로 나가라는 말을 듣는 기분이었다.

경품이 있다면 어떤 걸 시도할 수 있었을까. 예를 들면 이런 것이다.

"오늘 호텔을 기점으로 가장 멀리서 오신 분이 누구인가요?"

그러면 참석자들이 손을 들고 부산, 제주, 대전, 미국 등 다양한 지역을 말한다.

"멀리서 오신 분이 너무 많네요. 질문을 바꿀게요. 가장 가까운 곳에서 오신 분 손들어 주세요."

참석자들이 청담동, 압구정동 등이라고 답하면, 그중 한 사람을 불러 선물을 주며 이렇게 말한다.

"이거 받으셔서 미국에서 오신 분께 가져다 드리세요. 5분 거리에서 오셨는데, 어딜 감히 미국에서 오신 분을 이기려고 하세요."

이런 식으로 다양한 설정을 통해 경품을 전달하면 참석자들에게서 웃음이 터지면서 분위기가 고조된다. 그런데 경품이 하나도 없다니 난처했다. 호텔 주변에 뭔가를 살 곳도 마땅치 않고, 시간도 부족했다. 고민하다가 순간적으로 아이디어가 떠올랐다. 주최 측 담당자들에게 청소도구함을 가져다 달라고 부탁했다. 담당자들은 영문도 모르고 빗자루, 쓰레받기, 빨간 고무 대야, 고무장갑, 바가지, 뚫어뻥, 검은 비닐 봉지 등이 들어 있는 박스를 가져다주었다. 이를 끌어 안고서 행사장으로 가져갔다.

수많은 이들의 시선을 느끼면서, 질문을 맞히면 로봇 청소기를 드리겠다고 호기롭게 말했다. 한 참석자가 질문에 답하고 기대에 차서 앞으로 나선 순간, "최신형 로봇 청소기입니다"라면서 빗자루와 쓰레받기를 꺼냈다. 앞에 나온 이를 포함해 좌중이 온통 웃음바다가 되었다. 아무도 예상치 못했던 '상품'이어서 재미가 고조된 것이다. 이런 식으로 식기세척기(고무장갑), 비데(뚫어뻥과 고무 대야), 루이뷔통을 뛰어넘는 명품가방(검은 비닐 봉지)을 나눠주었다. 참석자들은 '상품'이 하나씩 등장할 때마다 숨이 넘어갈 듯 웃었다.

이날 나의 임기응변은 돌발변수를 극복하고 멋지게 성공을 거두었다. 경품이 예정대로 준비되었다 해도 이 정도의 분위기를 만들진 못했을지도 모른다. 이날 행사가 입소문이 퍼지면서 타지역 CEO 모임에도 행사 MC 초대를 받았다. 지금까지도 이때의 일을 얘기하면서 행사 문의가 들어오고 있다.

자칫 실패할 수 있었는데 어떻게 성공할 수 있었을까. 이는 행사 참석자들의 면면을 이해하고 그에 맞는 대안을 세웠기 때문이다. 당시 참석자들은 CEO들로, 경제적으로 부유하고 사회적으로 명망이 있는 분들이었다. 이분들에게는 50~100만 원 상당의 경품이 그다지 인상적이지 않고, 오히려 어디서도 들어보지 못한 B급 유머가 더 흥미로울 것이라 판단하였다. 그 예상이 적중한 셈이다. 숱한 현장 경력을 쌓지 않았다면 이런 임기응변이 나오지 못했을 것이다. 덕분에 위기는 다시 없을 기회로 돌변하였다.

앞서 얘기했던 호텔 사례는 약과이다. 어떨 때는 그런 도구조차 없을 때도 있었다. 참석자들의 흥미를 돋을 만한 가용자산이 아예 하나도 없었다. 이럴 때는 다른 MC들도 마찬가지지만 오로지 멘트로써 승부한다.

"오늘 가장 호응이 좋은 테이블에게는 ○○백화점 50만 원 상당의~"까지만 말하면 사람들이 환호성을 지른다. 환호를 더 유도한 다음에 "50만 원 상당의 엘리베이터 이용권을 드릴 테니 백화점에 가시면 엘리베이터를 많이 타세요"라고 말하는 거다. 진짜 상품권을 주는지 귀를 쫑긋 세웠던 관객들은 예상치 못한 멘트에 웃음을 터뜨린다.

이런 멘트도 있다. 대가족으로 참여하신 분들을 위한 선물이 준비되어 있다고 하면서 손들기를 유도하고, 그 후에 "○○패밀리 레스토랑 외식상품권을 싸게 살 수 있는 약도를 드리겠습니다. 조심해서 찾아가세요"라고 말한다. 이렇게 재밌는 멘트를 연달아 던져주면 웃음이 끝없이 터져나온다.

멘트를 말할 땐 강약을 조절하는 건 필수다. 단조롭게 말하는 것보다 중요한 지점까지 목소리를 고조시킨 후 끊어서 말하면 훨씬 더 웃음을 유발할 수 있다. 이런 말하기 기술은 현장에서의 경력이 누적되면서 터득한 것이다. 멘트는 현장 분위기에 따라 그때그때 만들어내는데, 이 역시 다양한 현장 경력을 쌓았기에 가능하다.

임기응변은 매우 중요한 기술이다. 그러나 어떤 이들은 임기응변을 좋지 않게 인식하기도 한다. 그때그때 상황에 따라 어려움을 극복하는 잔재주로, 근본적인 해법을 만들진 않는다며 안 좋게 해석하는 거다. 내가 말하는 임기응변은 이런 의미는 아니다. 돌발변수에도 당황하지 않고 적극적으로 대처해 문제를 풀어가는 능력을 말한다.

아무리 사전 준비를 철저히 하더라도 사람이라서 실수할 수 있고 그로 인해 전혀 예상치 못한 상황에 처할 수 있다. 임기응변 기술이 있다면 이럴 때 큰 문제없이 돌파해 나갈 수 있다.

돌발변수에 즉흥적 임기응변으로 분위기를 반전시키는 경지에 이르기까지, 현장에서 수많은 실패를 했다. 재미없다고 욕을 먹고 때로는 환불처리까지 요구받는 등 온갖 수모를 겪으면서 이 자리까지 왔다. 우리가 알고 있는 성공자들도 초년병 시절에 남모르는 실패와 수모를 겪었다. 단언컨대 눈물 젖은 빵을 한 번도 먹어보지 않은 성공자는 없다. 실패를 거듭하면서도 계속하여 경력을 쌓아나갔기 때문에 프로의 경지에 오르고 성공하게 된 것이다. 그러니 실패가 두렵다고 무대를 피하진 말아야 한다. 무대를 두려워하면 어떠한 능력도 배우고 쌓아갈 수 없다.

04

돈만 버는 일,
돈까지 버는 일

진로를 열어주는 노동이 있다

꿩은 소리에 무척 예민한 동물로 이름이 높다. 아무리 작은 소리에
도 즉각적으로 반응하기 때문에 꿩을 사냥하기란 좀처럼 쉽지 않다.
그런데 예외일 때가 있다. 암컷 꿩(까투리)이 알을 품고 있을 때이다.
암컷 꿩은 모성애가 강해서 알을 품을 땐 어떤 일이 있어도 자리를
뜨는 법이 없다고 한다. 사냥꾼이 나타나든, 어떤 맹수가 자신을 노
려도, 심지어 산불이 나도 알을 감싸안는다.

그래서 사람이 접근해도 꿩이 날아가지 않는다면 그 꿩은 암컷이
고 알을 품고 있다는 말이 된다. '꿩 먹고 알 먹고'란 속담은 이런 암

컷 꿩 때문에 생긴 말이다. 꿩의 모성애는 존경스러울 만한데, 꿩을 잡고 싶은 이에게는 더할 나위 없는 이득이었다.

이 속담처럼 하나를 하면서 다른 하나를 더 얻을 수 있다면 참 좋을 것 같다. 오래전에 '꿩 먹고 알 먹고', '도랑 치고 가재 잡는' 것과 같은 삶을 살아가는 능력자의 이야기를 TV에서 본 적이 있다.

그분은 하루에 일곱 가지 직업을 수행한다고 했다. 새벽에 목욕탕을 청소하고, 오전에 식자재를 배달하고, 오후에 학원차 운전 및 트럭으로 식자재 배달 일을 한다. 저녁엔 식당에서 일하고 밤에 목욕탕에 가서 마무리 청소를 한다.

이렇게 일해서 그는 한 달에 천만 원이 넘는 돈을 번다고 했다. 그때 난 대학을 갓 졸업하였고 하루 대여섯 개의 아르바이트를 하고 있었지만, 보유한 자격증은 몇 개 되지 않았다. 하루에 그토록 많은 직업을 수행하는 사람이 있다는 게 신기했다. 방송 화면에 비춰진 그의 몸은 잔근육으로 탄탄했다. 그걸 보면서 호기심이 폭발했다. 그는 직업에 대한 고민이 있는 사람이 있다면 언제든지 상담해 주겠다고 말했다.

방송국에 문의하여 수차례 부탁하고 사정한 끝에 간신히 그분에게 연락할 수 있었다. 그분은 친절하게 내 연락을 받아주었고, 덕분에 전화로 한참 대화를 나누면서 그의 직업관을 경청할 수 있었다.

그에게 가장 궁금했던 것은 왜 여러 가지 일을 하느냐 것이었다.

새벽부터 밤까지 여러 가지 일을 하는 시간에, 한 가지 일만 해도 돈을 벌 텐데 말이다.

"한 가지 일에 열정과 에너지를 쏟는 게, 여러 일을 하는 것보단 덜 복잡하지 않나요?"

나도 하루에 많은 일을 수행하고 있었지만 이는 학업을 병행해야 하는 사정과 좀 더 많은 돈을 벌기 위한 선택이었다. 그는 어떤 생각으로 다양한 일을 하는지 궁금했다.

"다양한 일을 하면 그만큼 다양한 사람을 만날 수 있어요. 식당 일만 한다면 식당 손님만, 학원 차량만 운행한다면 어린이들만 만나잖아요. 그러면 딱 그만큼의 제한된 시야를 가지게 될 겁니다. 다양한 환경에서 사람들을 만나다 보면 견문이 넓어지고, 이를 통해 또 다른 직업을 가질 수 있다고 생각해요."

그는 "돈은 내가 버는 게 아니라 사람이 벌어주는 것"이라고 강조했다.

"나 한 사람이 발로 뛰는 것보다 주변 사람들이 협력해 주면 돈을 벌기가 쉬워져요. 다양한 인맥을 확보하게 되면 그들이 정보를 가져다주고 일도 소개해 주죠."

이런 식으로 기존의 직업을 통해 새로운 일거리를 찾아내 돈을 벌 수 있다고 했다. 전혀 예상하지 못했던 시각이라 머리를 한 대 얻어맞는 듯한 느낌이었다. 단지 돈을 벌기 위해서가 아니라 자신의 진로를 더 열어가기 위한 수단으로 직업을 활용한다는 게 흥미로웠다. 이

것이야말로 '꿩 먹고 알 먹고'가 아닌가.

이때의 대화로 직업을 통한 인맥의 확장이 대단히 중요하다는 사실을 알게 되었다. "모든 일에 사람이 우선"이라는 말이 가슴 깊이 다가왔다. 그래서 틈만 나면 사람을 만나고 다녔고, 현재 보유 중인 인맥을 통해 할 수 있는 일이 무엇일까 고민하게 되었다.

여기에 더해서 사람과의 접점이 긴 일자리를 찾았다. 그분은 다양한 사람을 많이 만나는데 무게를 두었다면, 나는 사람과의 접촉 시간이 긴 일이 그렇지 않은 일보다 인맥 확장에 더 유리하다는 생각까지 하게 되었다. 예를 들어 목욕탕 청소 일은 사장님의 인정을 받겠지만, 수많은 목욕탕 고객들과의 접점이 생기진 않는다. 사람과의 접촉 빈도와 시간을 감안하면 목욕탕 청소보다 카페 홀 서빙이 더 나은 것이다.

행사 MC의 경우는 접촉 빈도와 시간 모두가 탁월하다. 혼주뿐 아니라 결혼식에 참석한 하객 모두에게 노출되는 일이다. 그곳에서 재능과 열정, 실력을 발휘하면 그 자리의 모든 이들을 내 인맥으로 삼을 수 있다. 실제로 결혼식이나 돌잔치에서 사회를 보는 나를 보고 연락해 온 이들이 적잖다.

그러므로 일을 구할 땐 단순히 수입만을 고려하지 말고, 인맥의 확장성을 함께 고려하기 바란다. 똑같은 아르바이트를 하더라도 고객과의 접점이 짧은 일이 있고, 레크리에이션 강사나 결혼식 사회처럼 고객과의 접점 시간이 긴 일이 있다. 사람의 마음을 살 수 있는 기

회가 더 많은 셈이다. 성공을 꿈꾸는 이들일수록 많은 이들에게 나를
마케팅할 수 있는 일거리를 찾아야 한다.

땀 흘리는 일이 어디가 어때서

"어떻게 하면 그렇게 일을 많이 할 수 있으세요?"

"젊어서 고생은 사서도 하잖아요. 사지가 멀쩡하고 건강한데 못할
일이 뭐가 있겠어요."

앞서 얘기했던 능력자는 몸이 건강하다면 마음먹은 일을 해낼 수
있다고 하였다. 우리 사회는 몸 쓰는 일에 대해 무시하거나 낮춰 보
는 경향이 있다. 책상 앞에 앉아서 하는 일을 더 인정해 주고, 돈을
많이 버는 일이 그렇지 않은 일보다 가치 있다고 생각한다. 그런데
그는 땀을 흘리는 노동이야말로 일한 만큼 정직하게 돈을 벌 수 있
고, 노동의 가치를 느끼게 해준다는 점에서 의미가 있다고 하였다.
또한 돈을 얼마나 버느냐보다 그 일로 무엇을 도모할 수 있는지의 차
원에서 직업을 선택해야 한다고 말해 주었다.

그의 철학이 참 건강하다고 생각했다. 돈을 많이 버는 일을 해 본
적이 있다. 나이트클럽의 웨이터였는데, 적성에 맞는다거나 비전이
있어서라기보다는 수입이 좋아서 몇 개월간 일했었다. 서울에 처음
올라와서 일할 곳을 구하기가 어려워 닥치는 대로 일거리를 찾아야
했던 때였다. 넉살 좋은 성격으로 고객들을 스스럼없이 대해서 꽤 인

기가 높았고 충성고객도 있었다. 급여에 팁까지 더하여 웬만한 아르바이트 급여와는 비교할 수 없을 만큼의 돈을 벌었다. 하지만 길게 하지 못하고 그만두었다.

이유는 하나였다. 이 일이 내 꿈과 무관했기 때문이다. 만약 내 꿈이 유흥업소 사장이라면 나이트클럽 아르바이트가 좋은 경험이 될 테지만, 체육교사나 교수가 꿈이라면 전혀 무관한 일이었다. 수입이 풍족하다 보니 이 일은 꽤 유혹적이었다. 눈앞의 돈에 빠져서 어영부영하다 보면 나이트클럽 종업원으로 정착하게 될 것 같았다. 돈에 길들여지기 전에 그만두어야 한다고 생각했다. 오로지 수입만 생각하면 쉽지 않았으나 눈을 질끈 감고 미련을 버렸다.

근래 들어 많은 젊은이들이 돈을 버는 일에 올인한다. 돈을 벌어서 무엇을 하겠다가 아니라, 돈을 버는 것 자체가 목적이다. 돈을 벌어 부자로 사는 것, 남들보다 잘 사는 것이 꿈이다. 이왕이면 돈을 많이 버는 일이 좋고, 그럴 수만 있다면 내 적성과 꿈 같은 건 중요치 않다. 그래서 각광받는 게 주식, 펀드 등의 투자이다. 땀 흘려 노동하는 것보다 훨씬 더 근사하게 돈을 버는 것 같은가 보다. 본업과 병행한다면 다행인데, 아예 하던 일을 관두고 전 재산을 주식과 펀드에 올인하는 이들도 있다.

강연을 다니면 사회 초년생들로부터 투자에 대한 질문을 받는다. 무형자산에의 투자를 권장하지 않는다고 전제하면서, 주택청약을 포함한 저축의 중요성을 강조한다.

난 집을 소유하고 있음에도 주택청약저축을 25년째 납입하고 있다. 착실하게 저축해 종잣돈을 만들었을 때 부동산이든 주식이든 투자하길 권한다. 물론 본업을 그만두지 않는다는 전제하에서다.

주식이나 펀드 같은 무형 자산에의 투자를 비난하고 싶어서 이런 말을 하는 건 아니다. 다만 나는 직업관에 있어서 보수적인 생각을 가진 듯하다. 주식이나 펀드 투자는 지금껏 내가 수행했던 일들처럼 사람과의 접점을 이루고 확장해 나가는 일이 아니라 수 계산과 미래 예측, 배팅 능력 등이 우선시되는 것 같다. 물론 내가 펀드매니저라면 고객들을 상대하면서 인맥의 확장이 일어날 것이다. 그러나 나 홀로 투자라면 컴퓨터를 들여다보지, 사람과의 접점을 만들지는 않을 것 같았다. 이게 내가 무형자산 투자를 하지 않는 이유 중 하나이다.

과거 지인의 소개로 고액자산가들을 상대로 자산을 불려주는 펀드매니저를 만난 적이 있다. 유명 연예인, 기업인 등이 그의 고객이었다. 그는 내 사연을 알고 난 후 돈을 벌게 해주고 싶다고 하였다. 5천만 원이 있으면 ○○○주식을 사라고, 일주일 안에 1억 원이 될 거라고 귀띔해 주었다. 장난이 아니라 진심인 게 느껴졌다. 그럼에도 일언지하에 거절하였다. 그의 말대로 ○○○주식이 1억 원이 되는 걸 확인한 후에도 흔들리지 않았다. 남들이 보기에 꽉 막힌 사람으로 보일지 모르지만, 솔직히 고백하자면 두려웠다. 쉽게 돈을 벌 수 있는 길을 알게 되면 그 후로 다시는 땀을 흘리고 싶지 않을 것 같아서.

그렇게 변하는 게 싫었다.

사람은 육체노동, 정신노동을 떠나서 노동을 해서 돈을 버는 게 바람직하다고 생각한다. 주식, 펀드, 부동산 등에 투자하더라도, 이와 별도로 노동 수입도 있어야 한다는 말이다. 앞서 얘기한 노동의 가치를 중요하게 생각해서이다. 피땀눈물을 흘리는 노동이야말로 사람을 사람답게 만든다고 믿는다. 쉽게 돈을 벌면 쉽게 쓰게 된다. 돈이 선사하는 달콤함을 즐기면서 돈을 더더욱 우상시한다. 땀 흘려 노동하는 이들의 수고를 가볍게 여기기 쉽다. 그런 사람이 되고 싶지 않은 때문이다.

아울러 얘기하고 싶은 건 돈은 수단이지, 목적이 되어서는 안 된다는 점이다. 돈을 벌어서 무엇을 할 것인지를 반드시 생각했으면 좋겠다. 돈을 벌어서 나와 내 가족이 윤택하게 사는 것 외에도 다른 목적 말이다. 물질적으로 잘 사는 건 중요하지만 그게 전부여서는 안 된다. 울타리 밖의 세상도 바라볼 수 있어야 하고, 내가 번 돈으로 그 바깥세상을 더 살 만한 곳으로 만들려는 목적을 가져야 한다. 왜냐고? 사람은 혼자 살 수 없는 사회적 동물이라서 혼자만 잘산다고 행복해질 수 없기 때문이다.

자신이 번 돈으로 자기 울타리를 포함해 보다 많은 이들을 잘 살게 해주겠다는 마음을 가진 이들이 진짜 큰 부자가 된다고 생각한다. 전 세계의 유명한 자산가들을 살펴보면 어려운 이웃을 돕고 세상을 좀 더 살 만한 곳으로 만들고자 노력하는 이들이 많다. 이런 마음을 가진 이들이 부자가 되는 건 당연하다. 내가 조물주라 해도 혼자만 잘 먹고 잘살겠다는 사람보다 더불어 잘살겠다는 사람에게 부를 선물할 것 같으니까.

어떤 일을 하면서 살 것인가. 이는 철저히 개인의 선택이다. 그런데 남다른 성공을 하고 싶은 사람이라면 물질 외의 이익을 얻을 수 있는 직업을 선택하기 바란다. 나를 나답게 만들고, 타인과의 관계성을 확장하며, 나날이 안목이 넓어질 수 있는 일. 나를 성장시키고, 주변의 이들에게도 도움을 줄 수 있는 일. 그런 일을 찾기 위해 기꺼이 열의를 불태워야 한다. 그런 일이 당신을 성공으로 인도해 줄 것이다.

기록의
쓸모

레오나르도 다빈치의 메모와 빌 게이츠

레오나르도 다빈치는 르네상스 시대를 대표하는 예술가이자 과학자이다. 그의 업적은 미술, 건축, 과학, 의학, 수학, 철학에 이르기까지 거의 모든 학문 영역을 아우르고 있어, 인류 역사를 통틀어도 그와 같은 천재를 찾기는 쉽지 않다.

이런 레오나르도에게 중요한 특징이 하나 있는데 바로 메모광이라는 사실이다. 언제나 손에 필기구를 들고 다니면서 떠오른 생각을 적고 그렸다. 23세 무렵부터 40년이 넘는 기간 동안 그가 남긴 기록은 무려 3만여 장에 달한다. 요즘 말로 치면 아이디어 노트인 셈인데 수백 년 전 사람이 구상했다는 게 믿기지 않을 정도로 창의적인 발상들이 가득하다.

그의 기록 중에 과학 영역에 해당하는 '코덱스 레스터(Codex Leicester, Codex Hammer)'는 약 72페이지 분량으로 1504~1508년까지 작성된 것으로 추정된다. 이 책은 1994년 크리스티 경매장에서 30,802,500달러(당시 약 350억 원)에 어느 CEO에게 팔렸는데, CEO는 다름 아닌 마이크로소프트사 창업자인 빌 게이츠이다. 그는 레오나르도의 천재성에 반해 있었으며, 레오나르도처럼 메모의 중요성을 잘 알고 있는 사람이기도 하다.

빌 게이츠는 평소 습관적으로 메모를 하는 것으로 유명하다. 그는 종이에 자기 생각을 기록한다. 컴퓨터 소프트웨어를 개발하는 기업 CEO가 종이에 메모를 즐긴다니 재미있다. 빌 게이츠는 1년에 정기적으로 생각에 푹 파묻히는 시간을 갖는다고 한다. 휴가를 내고 일주일간 별장 같은 곳에 들어가 자신이 적어둔 메모를 들여다보면서 사색에 잠긴다고 한다. 회사의 나아갈 방향, 현재의 문제점과 돌파 방안, 강점에 대한 강화 방안 등을 생각한다. 빌 게이츠에게 메모가 중요한 의미를 가지기에, 그가 기록한 내용이 외부에 유출되면 주가가 요동치기도 한다.

전 세계적으로 명성을 떨친 인물들 중에 레오나르도 다빈치와 빌 게이츠처럼 메모를 즐기는 이들이 많다. 그들의 메모 방식은 컴퓨터가 아닌 종이, 즉 아날로그 방식이다. 아마존 창업자 제프 베조스의 업무 방식은 메모를 빼놓고 얘기하기 힘들다. 그는 냅킨에 낙서하듯 '아마존의 개념도'를 그려내기도 했는데, 이를 보면 아마존이란 기업의 발전방향을 예상하는 게 가능해진다. 그런데 여기서 강조하고 싶은 건 개념도가 아니라 그가 냅킨을 사용했다는 사실이다. 메모를 즐기는 그는 뭐든지 적으면서 말하고 설명한다. 종이가 없다면 냅킨을 사용하는 것도 불사한다.

제프 베조스는 2004년부터 기업의 일반적 보고 양식인 PPT를 버리고 6페이지짜리 '내러티브(서술형) 메모'로 회의를 진행하는 것으로 화제가 되기도 하였다. PPT를 활용하면 발표자가 자기 생각을 말하고 나머지 사람들은 듣는 방식으로 회의가 진행된다. 베조스는 참석자 한 사람 한 사람이 자기 생각을 정확하게 표현하는 회의가 더 중요하다고 보았고, 이를 위해 개개인의 메모 작성을 도입한 것이다. 회의에 참석한 사람들은 메모의 내용을 읽고 이해한 다음 서로 생각을 나눈다. 세계적인 IT기업에서 아날로그적인 메모를 중시한다는 게 인상적이다.

일본 1호 여성 벤처 사업가 곤노 유리 일본 다이얼서비스(주) 대표는 노화를 방지하기 위한 가장 좋은 방법으로 '메모'를 꼽았다. 그는 늘 메모장을 가지고 다니면서 생각나는 아이디어나 좋은 문구를 적는다. 휴대폰 메모 기능보다 직접 손으로 적는 방식을 선호한단다. 손을 움직여서 글을 쓰면 눈과 뇌를 사용하여 건강해진다고 한다.

우리나라에서 메모광으로 알려진 분들 중에 이순신 장군이 있다. 장군이 쓴 〈난중일기〉는 임진왜란 당시 조선의 상황을 알게 해주는 귀중한 역사 자료이다.

장군 스스로는 자신의 시간들에 최선을 다하기 위해 기록했겠지만, 덕분에 후손들은 중요한 역사적 사실들을 확인할 수 있게 되었다. 기록은 개인의 발전뿐 아니라 공동체의 발전까지 유도할 수 있다는 점에서 유익하다.

〈난중일기〉를 읽었을 때 시선이 갔던 건 날씨였다. 아무런 기록을 할 게 없는 날에도 장군은 기록을 남겼는데, '오늘은 쓸 게 없음'이라고 쓰면서 날씨는 꼭 기록했다. 해전을 치러야 하는 장군에게는 날씨가 매우 중요한 정보였다. 전투를 앞두고 그때그때 살피는 게 아니라 평소에도 꾸준히 관찰했다는 점은 장군이 얼마나 철저한 준비성을 가지고 있는지를 깨닫게 한다.

삼성의 고(故) 이건희 회장 역시 메모를 즐겼던 것으로 알려져 있다. 그의 메모 습관은 아버지 고(故) 이병철 창업주로부터 물려받았다고 한다. 이건희 회장은 매일 할 일을 꼼꼼하게 메모하였고, 그때그때 생각나는 것들도 함께 적었다. 임직원들에게도 메모를 하라고 독려했다. 이 회장의 메모만 보아도 삼성의 역사가 보일 정도라 하니, 얼마나 꼼꼼하고 섬세하게 기록했는지를 짐작케 한다.

하루 일과 정리의 중요성

중학교 때부터 지금까지 꾸준히 하는 것이 있다. 일지 쓰기인데, 특별한 내용은 없고 하루 일과를 간략하게 정리하는 일이다. 오늘 우리 팀이 너무 잘 뛰어서 ○○대학교 형들과의 친선경기에서 2:1로 승리했다, 나도 수비수로서 제 역할을 하였다와 같은 내용이다. 오늘은 너무 피곤해서 일지를 쓰기가 싫다와 같은 내용도 있다. 이런 식으로 중고등학교 때 작성한 일지만 30권 가까이 된다.

일지를 작성하게 된 이유는 중학교 1학년 때 감독님으로부터 권유를 받았기 때문이다. 훌륭한 선수가 되려면 오늘 하루 훈련량을 돌아볼 줄 알아야 한다고 했다. 이 말이 진짜 맞을 것 같았다. 뭔가를 하겠다고 결심하면 곧바로 하는 편이라 일지를 작성하기 시작했다. 감독님 얘기를 듣고 일지를 쓴 사람은 우리 팀에서 나 하나뿐이었다. 아무리 좋은 얘길 들어도 안 하는 사람은 안 한다.

막상 써보니까 오늘 할 일을 기억하고 내일 할 일도 계획하기에 큰 도움이 되었다. 사람의 기억은 휘발성이 있다. 그래서 며칠만 지나도 그때 뭘 했는지가 기억나지 않는다. 과거엔 매일 체력을 철저하게 관리해야 하는 축구선수였으므로 매일 운동량을 적는 게 필요했다. 사업을 하면서부터는 매일 성실한 시간관리를 하겠다는 의미로 작성하였다. 시간대별로 촘촘하게 작성할수록 마음이 편해서 그렇게 적었으며, 돌발변수가 없는 한 반드시 지켰다. 이러한 기록은 내가 참 잘하고 있다는 자기긍정 마인드를 갖는 데 도움이 되었다. 성실한 하루가 쌓여서 한달, 6개월, 1년이 만들어지고, 나를 목표에 빠르게 도달시켜준다.

일과 외에도 기록하는 게 더 있다. 어디선가 보고 들은 명언들, 책속 한 구절 등을 적어둔다. 과거엔 종이에 적었으나 요즘엔 휴대폰 메모 기능을 활용하고 있다. 보고 다니는 게 많고 사람들을 많이 만나니까 정보가 많이 수집된다. 이 역시 기록하지 않으면 금세 잊혀져버리기에 그날그날 적는다. 예전에는 일기 형태로 작성했고, 요즘에는 파일로 적어서 USB에 모아둔다. 식당, 카페 등 마음에 드는 사업장을 보면 바로 사진이나 동영상을 촬영해서 저장해 둔다. 메모도 병행한다. 방문했던 공간의 특징과 장단점을 정리해 둔 기록은 사업할 때 귀중한 자료가 된다. 모아둔 정보를 정리할 때는 PPT를 사용한다. PPT는 정보의 핵심을 간추리기에 좋은데, 이런 작업을 미리 해두면 나중에 강연 자료를 준비할 때 편하다.

성공한 이들은 특별하지 않다. 다른 이들과 크게 구분되는 행운의 소유자들은 아니다. 다만 그들은 눈에 띄는 습관이나 자기관리법을 가지고 있다. 메모도 성공한 이들이 가진 공통적인 습관 중 하나이다. 기록의 쓸모란 나를 돌아보고 더 나은 내일을 도모하는 것이다. 빛나는 미래를 만들어주는 오늘의 철저한 성실함, 이것으로 성공자들과 평범한 대중이 명확하게 구분된다.

06

◇◇

괜찮아,
자연스러웠어

◇◇

내 마음 같지 않기에 쓰렸던 날들

"한 가지 일만 해. 그렇다고 돈을 더 잘 버는 게 아니잖아."

"도대체 네 직업이 뭐야. 하는 일이 많아서 믿음이 안 가."

가끔 귀에 꽂히는 따가운 말들. 그럴 때마다 시원하게 웃는다. 입꼬리가 나도 모르게 흔들렸는데 상대는 눈치 채지 못한 듯하다. 휴, 다행이다. 자연스러워서.

축구를 그만두면서부터 오로지 성공을 위해 맹렬히 달렸다. 나름의 계획을 세웠고 그에 충실하게 살았다. 52개의 자격증을 따고, 한때 6~12가지 직업을 동시에 수행했던 것도 그 결과물이다. 최고의 자리에 올라선 건 아니어도 최선을 다했기에 후회가 없고 당당하다. 감사하게도 내 최선을 인정해 주는 분들과 인연을 맺으며 살아가는 중이다.

그런데 모두가 나의 최선을 알아봐주는 건 아니다. 가끔은 날선 이야기들이 귀로 날아든다. 누군가는 진심 어린 걱정으로 말을 건네고, 다른 누군가는 답답해하기도 한다. 일부 지인들의 날선 평가는 대체로 두 갈래로 나뉜다. 첫 번째로 너무 많은 일(직업)을 해서 신뢰하기가 어렵다는 것이고, 두 번째로 타인에게 적극적으로 다가서는 게 부담스럽다는 점이다. 사람을 소개받기만 하면 친해지기 위해 최선을 다하는데, 그렇게까지 들이대야 하느냐는 말이다.

좀 더 많은 돈을 벌고 좀 더 인맥을 확장하기 위해 했던 행동들이다. 나 자신을 홍보해야 일거리를 찾을 수 있는 내게는 필요한 행동이지만, 가만히 있어도 사람들이 모여드는 위치에 있는 이들은 내 모습이 볼썽사나워 보일 수 있을 것 같다. 아무리 넉살이 좋아도 이런 말을 들으면 기세가 한풀 꺾인다. 친했던 친구, 선후배와의 사이에 의도치 않은 틈이 있음을 느끼는 날에는 아무리 술을 들이켜도 쓰린 속이 달래지지 않는다.

때때로 내게 비판 혹은 비난이 향하는 이유는 여러 가지 원인이 있겠으나, 그중 하나가 내가 보편적인 사회인의 모습을 가지고 있지 않아서이다. 보편적인 의미의 사회인은 명확한 직업을 가지고 있어야 한다. 우리나라에서는 세 가지 의미를 충족하는 직업을 선호한다. 첫 번째로 생계유지, 나와 내 가족이 먹고 살게 해주는 돈을 버는 일이다. 두 번째는 자아실현으로, 직업을 통해 내가 원하고 바라는 삶을 살아간다. 세 번째로 폼이다. 남들의 시선상 '있어 보이는' 직업은 대접받지만 그렇지 않은 직업은 은근히 무시당한다. 내 직업들 중 교사, 교수 외에는 대부분이 후자에 속했다. 특히 육체노동으로 인식되는 건 더 외면받았다.

지금은 직업의 다양성을 인정하는 시대이다. 여러 직업을 가지고 있고 적극적으로 자기 PR을 하는 걸 긍정적으로 바라보고 소속 없이 일하는 프리랜서, 1인 기업가를 능력자라며 인정해 준다. 그럼에도 한편으로는 직업에 대한 고정관념이 여전히 살아 숨 쉰다. 이름을 대면 알 만한 대기업 정직원들, 의사/판사/변호사 등 '사'자 직업들, 큰돈을 버는 사업가에게 사람들은 환호성을 보낸다. 이에 해당하지 않는 이들은 사회적으로 성공했다는 평가를 받기가 어렵다. 그러니 내가 얼마나 별종처럼 보이겠는가.

무대 위에서는 신나고 하는 일 마다 잘되는 것처럼 보이려 노력했다. 그러나 행복하지 않았다. 쏟아지는 박수갈채 속에서 누군가는 나를 노려보고 있는 것 같았다. "말을 줄여라", "나대지 마라", "재주 많은 원숭이보다 미련한 곰이 낫다"는 조언을 들을수록 위축됐다. 진심으로 걱정해 주는 말인 줄 알면서도 기가 죽는 건 어쩔 수 없었다. 뜻대로 되지 않은 마음 문제는 어느덧 고민거리가 되었다. 그 좋아하는 운동으로도 우울감이 해소되지 않았다.

사람들이 원하는 '완벽함'이
내 안에 없다는 사실을 받아들이기

어디서든 웃고 다니니까 긍정적이라는 평가를 받는다. 실상은 그렇지 않다. 소심하고 꽁한 구석에 걱정도 많은 편이다. 이런 성격이라 타인의 시선을 무시하기 힘들었다.

타인의 시선보다 더 두려운 것은 나 스스로를 부족한 사람으로 본다는 것이었다. 그동안 남다른 직업들을 가졌던 건 다 이유가 있었다. 난 자수성가형이다. 전문대 1년, 4년제 대학교 3~4학년, 대학원 석사와 박사 과정을 모두 직접 벌어서 다녔다. 가족의 지원을 받았다면 편하게 공부에 집중했을 테지만 학비와 생활비를 벌려면 학업에만 전념할 수 없었다. 보통 사람들은 직업을 정하고 스케줄을 그에 맞추지만, 나는 스케줄을 정하고 그에 맞는 일거리를 찾았다. 프리랜서로 사는 건 내게는 필연이었다.

이처럼 살아온 세월을 돌이켜보면 정당한 사유가 있었음에도 열등감에 시달렸다. 최선을 다한 나 스스로를 인정하지 못했다. 오스트리아 출신의 세계적인 심리학자 아들러는 열등감을 충분히 긍정적으로 볼 수 있다고 하였는데, 내 열등감은 마음을 베는 칼날과 같았다.

타인과의 관계 속에서 살아가는 인간의 본질상 열등감은 당연한 감정이다. 그러나 이로 인해 자신을 비하하거나 자학하지 않아야 한다. 열등감을 긍정적으로 활용하면 자기계발에 도움이 되지만 비하/자학의 에너지로 쓴다면 폭망의 결과만 기다릴 뿐이다. 타인의 시선에서 벗어나 자신을 소중히 여기고 발전시키는 동력으로 열등감을 활용해야 한다. 내게는 이런 아들러의 관점이 절실히 필요했다. 상당히 깊은 심리적 위기에 몰려 있을 때 지인이 건네준 아들러의 책 덕분에 간신히 벗어날 수 있게 되었다.

그간 잘못된 생각에 시달렸음을 어렴풋이 깨달았다. 스스로 목에 칼을 들이댄 형국이었다. 왜 소중한 나를 타인의 시선에 맡겨놓았을까. 나 자신과 타인 중에서 당연히 내가 더 중요하지 않은가. 그렇다면 남이 아닌 '내가 원하는 나'로 살아야 한다. 사람들이 원하고 바라는 '완벽함'은 나 자신에게 어떤 의미도 없다.

혹자는 내 최선이 마음에 들지 않는다고 말할 수 있다. 인정한다. 최선을 다해 살았다는 것 또한 지극히 주관적인 내 관점이다. 누군가는 "그때 이렇게 하지 그랬어"라면서 다른 관점을 말해 줄 수도 있다. 나보다 훨씬 더 훌륭한 두뇌와 의지를 가진 사람이라면 그때 그 순간 더 근사한 선택을 해서 멋진 그림을 그릴 수 있었다는 걸 인정한다.

그런데 타인의 관점과 내 관점이 다르다고 해서, 최선의 무게가 변질되는 것은 아니라고 생각한다. 삶의 방식, 무엇을 선택하느냐는 생각하기 나름이기에 다를 수 있어도, 내가 그때 최선을 다했다는 사실은 절대 변하지 않는다. 이는 오롯이 나 자신만이 평가할 수 있다. 최선을 다해 오늘을 만들어냈다고 스스로 인정할 수 있다면 그것으로 족하다.

생각이 이러한 흐름으로 변화하면서 스스로에 대해 어두웠던 시선이 점차 밝아졌다. 다시는 우울해지지 않겠다는 장담을 할 순 없지만, 적어도 죽을 듯한 심연에 발을 담그지 않겠다고 자신할 수 있다.

누가 뭐래도 충분히 괜찮은 사람!

평소 존경하는 마음으로 종종 만나는 자산가가 있다. 그분이 부자여서 존경하는 게 아니라 배울 점이 많아서이다. 그분의 최고의 장기는 '가위손'을 가지고 있다는 것. 그는 30년 인연을 자랑하는 고향 후배에게 100명이 넘는 직원이 속한 사업체 하나를 맡겼다. 그분과 후배가 처음 만났을 무렵, 후배는 전단지를 인쇄하는 작은 인쇄소를 운영하고 있었다. 언제나 게으름 떨지 않고 최선을 다하는 모습을 긍정적으로 여겨 중책을 맡긴 것이다. 그는 마음에 드는 사람을 만나면 확실하게 믿어준다. 후배는 선배 덕에 졸지에 본부장 소리를 들으면서 사업을 하게 되었다.

순탄하게 잘 굴러갈 줄 알았던 두 사람의 관계는 어느 날 느닷없이 파탄이 났다. 자산가는 후배가 회사의 자금 운영을 엉망으로 하고 있다는 사실을 확인하고 그를 해고했다. 개인적인 용무에 법인카드 사용, 뒷돈을 받고 거래처 선정, 회사 공간의 사적인 사용 등 그가 저지른 일들은 누가 봐도 심각한 수준이었다.

쫓겨날 위기에 몰린 후배는 선배에게 억울하다며 항변하다가 욕까지 퍼부었다. 최악의 모습을 보여 준 셈이다. 그러나 자산가는 눈빛 하나 변하지 않고 후배를 회사 밖으로 쫓아냈다. 이후 후배가 고향 사람들을 만나서 자산가에 대해 온갖 악소문을 낸다는 사실이 귀에 들어왔지만, 아랑곳하지 않았다. 불러다가 꾸짖지 않는 이유를 물었더니 더 이상 시간낭비하고 싶지 않다는 말이 돌아왔다.

"사람은 소중하지. 그러나 나에게 칼을 들이댄다면 그것까지 받아줄 순 없어. 그럴 땐 가차 없이 잘라내야 해."

인간관계는 모든 일의 근간이 된다. 그래서 중요시해야 하지만 이 때문에 치명적인 일이 발생할 수 있다. 내게 문제를 일으키는 사람인데도 정이나 의리 때문에 미련을 두어서는 안 된다. 자산가가 근 30년이 된 인연을 잘라내는 데 3분이 채 걸리지 않았다.

자산가의 태도는 많은 걸 생각하게 해주었다. 난 사람이 좋아지면 모든 걸 털어준다. 상대가 내게 왜 접근하는지 의도는 중요치 않고 내가 그를 좋아하면 그만이다. 간도 쓸개도 아깝지 않다. 그러다가 실망하는 일이 생긴다. 내 험담을 누군가에게 하고 다니는 걸 알게 되거나, 빌려준 돈을 떼이거나 하는 일이다. 의형제처럼 지냈다가 인연이 끊어지는 경우들이 심심찮게 발생했다. 정말 내 마음 같지 않구나, 라는 걸 깨닫는 게 너무나 쓰렸다.

왜 관계에 휘둘릴까. 곰곰이 생각해 보면 누구에게라도 괜찮은 사람이라는 인정을 받고 싶었던 것 같다. 누구의 어려움도 도와줄 수 있는 능력자, 슈퍼맨이 되고 싶었던 것 같다. 어린 날 축구선수를 그만두면서 입은 자존감의 상처 때문인지도 모른다. 따지고 보면 아무 의미 없는 집착이고 희망이었다. 다른 사람들로부터 인정받지 못한다고 행복할 수 없는 게 아닌데, 타인의 시선에 나를 전적으로 맡겨 놓고 있었던 거다.

자산가의 조언 덕분에 인간관계의 기본자세를 다시금 가다듬게 되었다. 내 입장에서 최선을 다하되 집착하지 않고, 나를 망가뜨리고 해치는 사람과의 관계를 끝낼 땐 미련을 두지 않겠다고. 소중히 생각하는 사람과는 최선을 다해 관계를 유지하지만, 자꾸만 화살과 칼을 던지는 사람에게는 미련을 두지 않아도 좋다.

인간관계로 인한 마음의 상처는 눈에 보이지 않아도 삶의 의욕을 꺾어 버릴 정도로 위력이 있다. 우리 인생이 몇 십 살에 끝을 맺든 간에 이런 위기는 죽을 때까지 찾아오기 마련이다. 내가 잘못하든 상대가 잘못하든 말이다. 그리고 상처는 멀리 있는 사람이 아니라 가까운 사람이 준다. 관계로 입은 마음의 스크래치를 더 조심해야 하는 이유이다.

남들이 인정해 주지 않는다고 움츠러들고 상처받은 이와의 관계 때문에 스트레스에 시달릴 필요가 없다. 지나친 인정 욕구는 지나가는 강아지의 입에 맡겨 버리자. 최선을 다하는 지금의 내가 충분히 자랑스러우니까.

07

끝까지
포기하지 않는 한

야생의 원리에 충실한 교사가 되다

"이 ××들, 지금 뭣들 하는 거야! 담배 안 꺼?"

나를 바라보던 아이들 표정이 순간 움찔하는 게 느껴졌다. 기에 눌린 걸까, 생각하던 순간 무리 중 한 아이가 욕설을 내뱉으며 앞으로 나섰다. 말 그대로 쌍욕이다.

"뭔데 ××××하네. ××, 괜히 나서지 말고 꺼져! ××× ×××!"

웬만한 성인 남성도 제압할 만큼 거친 욕설과 눈빛. 그러나 내가 누구인가. 아이 앞을 가로막고 더 눈을 치켜뜨고 한층 거세게 몰아붙였다.

"여기 학교야, 이 ××들아! 담배 빨리 꺼!"

어릴 때부터 운동으로 몸을 단련한 나다. 학창 시절 누구 앞에서도 기가 눌린 적이 없었다. 나름 알아주는 중고생 시절을 보냈기에 이 아이들의 생리를 잘 알고 있었다. 자기보다 약한 자에게는 이빨을 드러내지만 강한 자에게는 꼬리를 내릴 수밖에 없는, 야생의 원리에 충실하다. 그렇기에 나는 온몸으로 내가 강자라는 사실을 드러냈다. 몇 초가 지났을까. 아이들은 슬쩍 내 눈을 피했고 담배를 빼서 불을 껐다.

당시 나는 서울의 한 고등학교에서 체육교사로 일하고 있었다. 대학원을 졸업하고 S대학교와 S전문대학교 외래교수로도 출강하고 있었는데, K예술학교 평생교육원 유아교육과 전문학사 과정에서도 연락이 와서 일 년 정도 강의를 진행하게 되었다. 그런데 K고등학교에서 중학교를 졸업하고 고등학교에 진학하지 못한 학생들을 위해 야간특수반(저녁 6~9시까지 수업)을 개설했다. K고등학교는 사립 고등학교였는데, "누구나 원하는 교육을 받아야 한다"는 설립자의 뜻으로 문제 학생들을 위한 교육 과정을 별도로 만들었다. 말이 문제 학생이지, 일반 고등학교에서의 말썽꾸러기 수준이 아니었다. 보호관찰을 받거나 소년원에 들락날락한 경험을 가진 아이들이 다수였다. 이런 학생들의 특성상 학교 측은 아이들을 잘 가르칠 수 있도록 카리스마가 있는 선생님을 원했다. 총 기간은 2년, 이 과정을 마치면 정식 고등학교 졸업장이 나온다. K예술학교 측에서 내게 이런 반이 있는데 체육교사 자리가 비었으니 맡아보지 않겠느냐고 제안해 왔다.

일반 고등학교에서 교생 실습을 했고 아이들에게 축구를 가르쳤던 경험이 이미 있었던 터라 잘할 자신이 있었다. 꿈에 그리던 교사 자리가 아닌가. 무엇보다 문제 학생들을 선도한다는 학급 개설 취지에 의욕이 샘솟았다. 기간제 교사에다 월급은 60만 원 정도로 봉사에 가까웠고 카페를 운영하느라 바빴지만 병행하겠다고 결심했다. 저녁 여섯 시에 아이들이 모두 등교하면 1교시에 조회 및 내 수업을 하고 교무실에서 기다렸다가 5교시가 끝나면 종례를 했다.

어떤 일이 있어도 학업을 포기하지 않도록

처음 교사가 되었을 때만 해도 아이들을 학교에 붙들고만 있으면 되는 줄 알았다. 학교를 다니게 한다고 해서 문제 행동이 쉽사리 잡히지 않았다. 가정환경, 생활습관, 마음가짐, 이 사회의 환경까지, 안팎의 모든 것들이 아이들이 변화하지 못하도록 집요하게 붙들고 늘어졌다. 교단 앞에서만 하는 교육은 한계가 있었다.

'다시 놓치지 않기 위해 아이들을 쫓아다녀야겠다.'

그동안 내 생활, 내 사업 때문에 아이들을 밖에서 쫓아다닐 생각을 미처 하지 못했다. 60명이나 되는 아이들을 일일이 따라다니는 건 무리였다. 그러나 아이들을 잃어버리고 나서 후회하기보다는 지금 할 수 있는 걸 하는 게 낫다고 판단했다. 매일 학교와 카페바 사이를 분주하게 오가면서 짬짬이 시간을 내서 아이들을 찾으러 다녔다. 그날 학교에 오지 않는 아이들이 대상이었다. 대개 낮 시간에는 아이들이 아르바이트를 하기 때문에 사고는 밤에 일어나는 편이다. 학교 근처부터 시작해서 일대 유흥가까지 밤 골목을 누볐다.

한 번은 소희(가명)를 미행한 적이 있었다. 소희는 스물세 살로 우리 반 친구들 중 가장 나이가 많았다. 늘 화장을 짙게 하고 다녀서 "동생들이 따라할 수 있으니 그러고 다니지 마라"고 주의를 주었던 아이다. 학교는 곧잘 나왔는데 왠지 느낌이 이상했다. 수업을 마치고 몰래 아이의 뒤를 밟았다. 학교를 떠난 소희가 찾은 곳은 노래방이었다. 노래방 도우미로 일하고 있었다. 앞뒤 가리지 않고 노래방으로 들어가 업주에게 조금 전에 들어간 아이를 불러 달라고 말했다. 업주는 내 태도가 심상치 않다는 걸 느꼈는지 깍두기 아저씨 두 명을 호출했다.

"학교 선생님이고 뭐고 좋은 말로 할 때 나갑시다."

을러대는 그들을 뒤로 하고 지인에게 전화로 도움을 청했다. 당시 씨름 천하장사였던 분이였는데 나이는 나보다 형님이었지만 대학원 후배였다. 그는 내 SOS에 업주와 곧바로 통화하여 "우리 대학원 선배님이 그곳에 가셨는데 잘해 드리라"고 말했다. 여담이지만 소위 힘쓰는 이들의 세계에서, 정통 운동선수들은 선망의 대상이다. 절대적

힘에 대한 복종이랄까. 그 도움으로 나는 소희를 만날 수 있었다. 소희는 나를 보고 기절초풍했고 난 업주에게 당부했다.

"사장님 가게 에이스라고 하셨죠? 얘, 인제 이 일 안 할 겁니다. 다른 가게도 안 갈 겁니다. 서로 다 연결되는 것 아니까요. 다른 가게에서도 얘를 부르지 말라고 전해주세요."

다행스럽게도 소희는 마음을 잡았다. 내 말을 따라 메이크업, 매니큐어를 다 지우고 학교를 무사히 마친 후 대학까지 진학했다. 중국에서 무역업을 해서 사업적으로 성공했다는 소식까지 전해 주어 얼마나 뿌듯했는지 모른다. 소희 말고도 어엿한 사회인으로 자리 잡은 제자들이 더 있다. 강남 음식점에서 주방장하는 제자, 자기 사업장을 내고 사장님 소리 듣는 제자 등 다양하다. 지금도 가끔 만나 식사를 하며 안부를 나눈다. 어떤 어려움이 있더라도 학업을 포기하지 않는다면 구깃구깃해 보였던 인생에도 찬란한 빛이 비춰질 수 있다.

국영수보다 인성교육

2년간 야간특수반 교사를 하면서 진심으로 아이들을 대했다. 한때 방황했던 경험이 있었던 만큼 아이들을 이해할 수 있었고 그렇기에 더더욱 아이들이 어려움을 극복하고 미래를 멋지게 만들어가길 바랐다. 이런 진정성을 인정해 주셨는지 학교 측에서는 나를 같은 재단 하의 일반 고등학교 정식 교사로 채용해 주었다. 이때도 2년간 근무하여 고등학교 교사로서 총 4년간 교단에 섰다.

교사로서 내가 가장 중요하게 생각한 것은 학교에 매일 출석하는 일이었다. 야간특수반 아이들의 입학식 날, 부모님들에게 말씀드렸다. 학교와 나를 믿고 어떻게 해서든 아이들이 출석을 하게 해달라고. 그렇게만 되면 책임을 지겠다고 다짐했다.

"시험, 학교 성적, 이런 건 그다지 중요하지 않습니다."

학교만 매일 출석할 수 있다면 설혹 담배를 피우고 공부에 소홀히 하더라도 괜찮다고 했다. 내가 출석에 목을 맨 이유가 있다. 한 사람이 독립적인 사회인으로 살아가는 데 가장 필요한 소양을 '성실성'이라고 생각하기 때문이다. 졸업하고 대학에 가든, 직장을 다니든, 아르바이트를 하든 제 시간에 와서 자신이 해야 할 일을 하는 것, 이걸 할 수 있다면 못 할 일이 없다. 습관이 인생을 만든다. 올바른 습관보다 더 중요한 건 없다.

다른 관점으로 설명한다면 습관은 행동이다. 인생을 잘 살기 위해서 이론과 실전(행동)이 있다고 가정한다면, 습관은 실전에 해당한다. 백날 학교에서 온갖 교과목의 이론을 배워도 실전이 뒷받침되어 주지 않으면 발전할 수 없다. 아이들은 학교에서 이론과 실전을 함께 배워야 하고, 자신만의 답을 찾아가는 훈련을 해야 한다.

어찌 보면 우리네 인생에서 중고등학교 때까지는 객관식의 세상이다. 어느 정도 정해진 룰이 있고 부모와 교사의 안내에 따르면 잘 지낼 수 있다. 그 이후는 그렇지 않다. 스스로 답을 찾아나가야 한다.

정해진 것도 없다. 주관식의 세상에서 잘 살아나가려면 스스로 답을 찾을 수 있어야 하고, 그러기 위해 이론과 실전을 함께 배워야 한다.

이처럼 출석을 중요하게 생각했지만 모든 아이들이 다 출석을 잘 지키진 못했다. 가장 많이 출석했을 때가 59명, 평균적으로 40~45명이 출석했다. 매일 수업 시작 전에 담배를 걷었다. 40명 출석인데 담배가 50갑이 넘게 나왔다. 두세 갑을 가진 아이들이 있었다. 담배를 걷고 나서 교무실에서 일일이 메모를 써서 붙여주었다. 말보로 레드를 피우는 애들에겐 '어차피 피울 거라면 순한 걸 피워라'고 적었고 '양담배 말고 국산담배 피워라. 애국심이 있어야지'와 같은 농담도 적었다. '꼭 고등학교 졸업장을 따자' '나중에 아빠 엄마가 되려면 건강해야 한다. 무조건 금연' 등의 내용도 적었다. 내게 있어서 메모는 일종의 일지, 일기와 같았다. 하루라도 안 적으면 입안에 가시가 돋는 기분이라 매일 빼먹지 않았다. 귀로 들으면 잔소리 같으나 메모로 전하면 애정으로 느껴지지 않을까 하는 기대도 조심스럽게 품었다.

나의 메모는 처음엔 다 버려졌다. 매일 정문, 후문에 나뒹구는 수십 개의 메모지 때문에 경비 아저씨는 골머리를 앓았고, 이제 그만 쓰면 안 되느냐며 부탁까지 해왔다. 매일 버려지던 메모는 한두 달 지나면서 점차 양이 줄어들었고, 나중엔 하나도 버려지지 않았다. 후일 어떤 아이는 메모지를 모아서 스크랩북으로 만들었고 때때로 읽어보면서 잘 살겠다는 다짐을 한다고 말해 주었다. 사람은 변하지 않는다지만, 끝까지 포기하지 않으면 달라지는 경우도 있었다. 그렇기에 견딜 만했다. 인내가 지독하게 쓰디쓰고 고되더라도 말이다.

내가 맡은 과목은 체육이었지만 수업 시간에 아이들과 운동장에서 뛰기보다 지덕체(智德體) 교육을 시켰다. 지혜와 덕, 건강이 조화를 이뤄야 올바른 사람이 된다고 믿었기에 그렇게 가르쳤다. 앞서 말했던 대로 성실성을 비롯한 생활습관, 자세, 태도 등을 학교생활에서 가장 중요하게 보았다. 그래서 담배를 교내에서 절대 피우지 못하게 했고 수업 시간에 졸지 말라고 했다. 수업 시간에 조는 건 그 시간에 수업을 듣기 위해 앉아 있는 너 자신과 너를 가르쳐주는 선생님에 대한 예의가 아니라고 말해 주었다.

선생님에게 욕하거나 무례하게 행동하면 엄하게 꾸짖었다. 우리 반 학생 한 명이 수업시간에 딴짓하다가 선생님에게 혼났다. 아이는 화가 나서 선생님에게 "이 ××야, 밤길 조심해."라고 욕했다. 그 사실을 알고 아이를 데려다가 이럴 거면 학교를 때려치우라며 혼꾸멍을 내고 내쫓다시피 집으로 돌려보냈다. 다음 날 아이는 학교에 등교해서 잘못했다고 사과했고, 이후에 학교에 잘 다녔다. 언제나 사랑으로, 때때로 엄격하게 아이들을 가르쳤다. 사랑으로 대하든 눈물이 쏙 빠지게 혼을 내든, 목적은 모두 하나다. 아이들이 무사히 졸업하고 건강한 미래를 만들어가는 것, 오직 그것을 위해 내가 할 수 있는 최선을 다했다. 42명이 졸업했지만 놓쳐 버린 18명의 아이들에 대해서는 지금도 아쉬움이 남는다.

돈 때문에 포기하는 일이 없는 학교

교사 생활을 하면서 아이들이 자기 미래를 꾸려 나가는 데 보다 적극적인 도움을 줘야겠다는 꿈을 꾸게 되었다. 선진국 대열에 들어섰다는 우리나라에서 경제적 어려움으로 학업을 포기하는 아이들이 생각보다 많다. 외래교수로 있었던 대학교들 중 한 곳에서도 이런 학생 한 명을 만났다. 평소 공부를 잘했고 똑똑한 친구였는데 졸업학기를 남기고 자퇴하겠다고 했다. 아버지가 사업에 실패해서 가세가 급격하게 기울자 당장 돈벌이에 나서고자 그런 결정을 내린 것이었다.

안쓰러운 마음에 고민하다가 학교 교직원으로 일하는 선배에게 도움을 요청하여 기업에 후원을 받은 것처럼 가장하여 등록금을 대신 내주었다. 덕분에 아이는 학교에 계속 다닐 수 있게 되었지만, 세상에 영원한 비밀이 없다고 나중에 진실을 알게 된 아이는 나를 찾아와 울음을 터뜨렸다. 직함은 외래교수지만 고작 해 봐야 한 시간에 5만 원도 못 받는 시간강사의 처지인 걸 알아서 더 미안해했던 것 같다. 아이는 학교를 마쳤고 취업하더니 돈을 가지고 은혜를 갚겠다며 나를 찾아오기까지 했다. 지금은 자기 사업장을 내 잘 살고 있다.

이 학생 말고도 가정 형편 때문에 수학여행에 가지 못했던 친구들을 대신해 남몰래 비용을 내주었다. 성실하고 재능이 있는 아이들이 환경 때문에 좌절감을 겪는 게 안타까웠다. 이러한 일들이 누적되면서 학교를 설립하겠다는 꿈을 꾸게 되었다. 등록금이 없어도 다닐 수 있는 무상 학교, 학교를 다닐 마음만 있다면 마음껏 공부할 수 있는 그런 학교 말이다. 국가대표 축구선수를 목표로 했던 어린 소년, 거리에서 노점을 하며 나 한 몸 건사하기도 급급했던 내가 이토록 원대한 꿈을 꾼다는 게 가당치도 않지만 꼭 실현해 내겠다고 다짐하고 있다. 지금 악착같이 일하면서 돈을 모으는 것도 이 꿈 때문이다. 친분이 있는 유명인들과도 만나면 이 꿈에 대해서 이야기를 나눈다. 언젠가 건립될 학교에 교수가 되어줄 사람, 후원자가 되어줄 사람 등 소중한 인연이 쌓여 가고 있다.

어렸을 때 태극마크를 단 축구선수가 되고 싶었지만 그 꿈을 끝내 이루지 못했다. 그렇다고 불행하지 않았다. 그 꿈을 대체해줄 새로운 꿈을 꾸었고 실현했기 때문이다. 교사, 교수의 꿈을 이룬 지금은 학교 설립이라는 또 다른 차원의 꿈을 꾸고 있다.

마르쿠스 아우렐리우스는 "큰 꿈을 가져라. 큰 꿈에는 영혼을 감동시킬 힘이 있기 때문이다."라고 말한 바 있다. 이 말처럼 내 꿈이 나를 감동시키고, 내 주변인들도 협력자로 만들어주고 있다는 걸 느끼고 있다. 성공하고 싶은가. 그렇다면 꿈을 가질 것을 권한다. 꿈은 그 자신은 물론 주변 사람들에게까지 행복의 빛을 전파한다. 비록 현실이 녹록지 않지만, 꿈이 있고 이를 실천하고자 노력하는 사람들이 있는 한 희망은 결코 꺼지지 않는다.

두 손과
두 다리가 있는 한

부모님으로부터 물려받은 유산 두 가지

"노래 한 번 해드릴까요?"

내 말에 할아버지들과 할머니들이 웃음을 터뜨리셨다. 숟가락을 마이크 삼아 들고 무반주로 구성지게 한 가락 뽑아냈다. 덩실덩실 춤을 추시는 분들, 웃으면서 박수를 치시는 분들, 모두 보기에 좋았다. 일일이 눈을 맞춰 가며 노래를 부르다 유독 한 분에게 시선이 멈추었다. 저 분, 웃음이 아버지를 닮았다. 아버지, 그리운 나의 아버지.

아버지는 나 때문에 쓰러지신 후 22년간을 병석에서 보내셨다. 병세가 악화되면서 요양원으로 모셨는데, 작년에 돌아가셨다. 지금도 아버지가 더 이상 내 곁에 계시지 않다는 사실이 믿어지지 않는다. 요양원에 가면 아버지가 언제나처럼 희미한 미소를 띄고 나를 맞아주실 것만 같다.

그리운 마음이 커질 때면 요양원 방문 일정을 잡는다. 요양원 봉사는 20년 넘게 이어가고 있는 봉사 활동 중 하나이다. 그곳에 가면 나를 자식처럼 예뻐해 주시는 가슴 따뜻한 어르신들을 만날 수 있다. 그분들을 잠시나마 웃겨드릴 수 있어서, 아버지에 대한 못다한 마음을 조금이라도 표현할 수 있어서 좋다.

돌아가셔서 더 애틋하게 느껴지는 걸까. 살아생전의 아버지는 무척 엄격한 분이었다. 당시 남자 어른들이 다 그랬듯이 아버지는 말수가 적고 자식들에 대한 애정을 말로 표현하는 분은 아니었다. 그래도 그 시절 여느 남자들에 비해 대단한 멋쟁이였다. 백구두에 중절모를 쓰고 담배를 피우지도 않으시면서 파이프를 물고 다니셨으니까. 운동을 해서 다부진 체격에 옷을 잘 입으니 그야말로 폼이 났는데, 거기에 약자를 돕는 마음까지 있어서 동네에서 인기가 높았다.

어릴 때부터 아버지는 어른을 공경해야 한다는 걸 뼈에 새기다시피 교육하셨다. 동네에서 오가다가 어르신을 만나면 반드시 인사하고 짐을 들어드렸다. 시비가 붙은 광경을 목격하면 중재자로 나서서 약자가 불리해지지 않도록 조율해 주셨다. 약주를 하실 땐 붉게 상기된 얼굴로 동네 친구들과 어깨를 두르고 집으로 돌아오곤 하셨다.

기억에 남은 아버지의 모습은 더 있다. 비가 오나 눈이 오나 새벽 5시에 일어나서 앞마당을 쓸고 약수터에 가시는 것이었다. 운동을 하루도 빼놓지 않고 하셨다. 마을의 물탱크를 관리하는 공무원으로 일하면서 대충 일하는 법이 없었다. 돈 관리도 철저했다. 어릴 적 용돈이 100원이었는데 좀 더 받고 싶어서 졸라도 절대 더 주지 않았다. 10원짜리 동전에 테이프를 감아서 오락실 기계에 100원짜리처럼 사용했다가 들켜서 아버지에게 호되게 종아리를 맞았다. 더 쓰고 싶다면 벌어서 쓰라고 하셨다. 자신에 맞는 씀씀이가 있는데 그 이상을 쓰고 싶다면 남에게 의지하지 말고 스스로 벌어야 한다는 것이다.

성실하고 끈기 있는 모습은 어머니도 못지않았다. 남편과 네 자녀를 헌신적으로 보살폈고, 늘 가족을 위해 기도하는 걸 게을리 하지 않으셨다. 어머니가 늘 무릎 꿇고 새벽기도하는 모습을 보고 어떤 분은 '야곱의 낙타 무릎'이라는 별명을 붙여주기도 했다. 어머니 역시 성실한 자기관리를 하여 건강하시다. 아버지와 어머니만큼 철저하게 자신을 관리할 수 있다면 어떤 경우에도 실패할 일이 없다고 믿는다.

두 분으로부터 배운 것은 어르신을 포함한 사람에 대한 존중 그리고 성실한 자기관리이다. 이 두 가지는 웬만한 물질적 유산보다 더 귀하다고 생각한다. 어린 시절 우리 사남매에게 책 한 번 읽어준 적도 없고 공부를 강조한 적도 없지만, 어떻게 살아야 하는가를 몸소 보여 주셨다. 그 덕분인지 세 누나들 그리고 나까지 모두 자기 꿈을 실현하면서 잘 살아가고 있다. 나도 이제 세 아이의 부모로서 무엇을 물려줘야 할지 생각하게 된다. 물질보다 정신적 유산이 사람의 인생에 더 큰 기여를 한다는 걸 알기에, 훌륭한 마음가짐과 생활습관을 아이들 앞에서 실천하고자 한다.

봉사는 나의 힘

부모님의 교육 덕분에 어르신을 공경하는 걸 철칙처럼 여기고 있다. 스물한 살 노점상을 하면서 눈코 뜰 새 없이 바빴던 때부터 전국 곳곳의 요양원을 찾아다니면서 봉사 활동을 하였다. 처음엔 잉어빵을 구워드리고 요양원 안팎의 잡일을 도와드리는 형태였으나 노래를 불러드리고 재밌는 얘기를 들려드리는 식으로 점차 활동이 다양해졌다. 운동선수 출신으로서 스트레칭을 알려드리고, 마술을 배워서 작은 공연을 하기도 했다. 어르신들이 즐거워하실수록 욕심이 났다.

미각 외에도 시각/청각/촉각을 만족시키는 활동을 궁리하면서 웃음치료, 마술, 종이접기, 스포츠 마사지, 테이핑 요법 등을 배우고 자격증을 획득했다. 보고, 웃고, 즐길 수 있는 종합 예술적인 봉사로 발전해 나갔다. 자격증을 획득하면 일거리를 구하기에 좋았고 어르신들에게 하는 봉사의 질이 올라간다는 점에서 일석이조였다.

나중에는 봉사 장소의 기관장이나 직원들이 다른 기관들을 소개해 주었다. 봉사해야 하는 곳도 있지만, 비용을 지불하는 곳도 있었다. 꾸준한 봉사 덕분에 보유 중인 자격증의 전문성을 더욱 키울 수 있게 되었다. 정신적/인격적/지식적 차원에서 전문가가 되었다.

봉사를 하면서 느낀 건 봉사는 타인을 위한 게 아니라 나를 위한 거라는 사실이다. 봉사를 하면 봉사자 자신이 그 누구보다 행복하다. 나로 인해 웃고 즐거워하는 사람을 바라보면서 온몸에 엔돌핀이 퍼져나간다. "보상을 구하지 않는 봉사는 남을 행복하게 할 뿐 아니라 자신도 행복하게 한다"는 마하트마 간디의 말은 진리였다.

봉사하면서 많은 일들을 겪었다. 그중에 기억에 남았던 몇몇 순간이 있다. 2007년 12월 서해안 태안 앞바다에 기름이 유출되었을 때 잉어빵 재료 지역 공급사 사장님과 함께 봉사하러 갔다. 당시 실업팀에서 훈련받다가 부상을 당해 선수 생활이 좌절되고, 버터구이 오징어 노점과 동대문에서 시계 장사를 하면서 대학원에 다니고 있을 때였다. 마음의 여유가 없었지만 국가적인 재난을 외면할 수 없었다. 잉어빵 지역 공급사 사장님이 자신의 트럭에 기계를 실었고, 본사에 전화해서 감사하게도 재료를 지원받을 수 있었다.

사고 초반에 내려갔는데 그때는 봉사자들이 먹을 음식이 컵라면뿐이었다. 전국 각지에서 구름떼처럼 몰려들었던 자원봉사자들에 비하면 지원물품이 부족했다. 지역 공급사 사장님과 힘을 합쳐 아침 9시부터 저녁까지 약 2천 명에게 잉어빵을 구워주었다. 화장실 갈 시간도 부족했지만 보람이 있었다. 우리가 봉사하는 모습을 취재한 기자가 있었는데, 기자인 줄도 모르고 꼬치꼬치 묻는 질문에 선선히 답해 주었다가 본의 아니게 언론 지면을 장식하게 됐다.

이때 경험은 우리나라 국민들이 어떤 품성을 갖고 있는지를 알게 해주는 계기가 되었다. 우리 국민들은 위기에 빠지면 절망하기보다 극복하고자 하는 의지가 강하고, 남의 고통을 외면하지 않는다. 상대가 늪에 빠지면 어떻게 해서든 그 팔을 잡고 늪 밖으로 끌어내리려고 애쓴다. 당시 언론에 보도된 자원봉사자의 숫자는 약 200만 명에 달한다. 어린 학생들, 머리가 희끗희끗한 어르신들, 직장인들, 주부들, 군인들이 변변한 안전장비도 없이 수건으로 기름을 닦고 또 닦았다. 어느 한 곳의 불행한 일로 치부하고 나 몰라라 하지 않고 전국에서 모여든 선량한 이들 덕분에 태안은 아픔에서 서서히 벗어날 수 있었다.

세월호 침몰 사고 때도 내려갔다. 두 차례 내려갔는데 이번에는 대학교 제자들과 의기투합했다. 결혼을 2주 남짓 남겨둔 시기라 정신이 없었음에도 당연히 찾아가서 미력하나마 힘을 보태야 한다고 생각했다.

태안 때는 황금 잉어빵 본사에서 재료를 협찬해 주었지만 이번에는 우리 자비로 준비했으며, 지인의 딸과 남자친구가 자원봉사자로 함께 동행하였다. 우리는 서울에서 여덟 시간 걸려서 진도 팽목항에 도착했다. 진도군청 측에 허가받지 않고 내려간 탓에 처음엔 실종자 가족 캠프촌 안으로 들어갈 수 없었다(태안 때는 식자재를 준비해서 가지고 가면 자유롭게 나눠줄 수 있었으나, 세월호 때는 군청의 허가를 받아야 캠프촌 안으로 진입해 봉사활동을 펼칠 수 있었다. 다행히 내가 식품 위생 교육을 이수했던 터라 사람들에게 음식을 공급할 자격은 있었다). 우리는 캠프촌 입구에 자리를 잡았고, 인근 식당의 도움을 받아서 식수를 구해 어묵을 끓였다. 지인 딸과 남자친구는 어묵 꼬치를 종이컵에 담아서 쟁반에 올린 다음 캠프촌 앞쪽에서 오가는 사람들에게 나눠주었다. 사람들이 캠프촌 밖에 무료 어묵 나눔이 이뤄진다는 걸 알고 많이 찾아와 주었다. 제자들도, 나도 정신없이 어묵을 끓여서 자원봉사자들과 실종자 가족분들에게 나눠주었다.

우리에게 찾아온 분들 중 한 어머니가 있었다.

"우리 딸이 지금 배 안에 있는데, 어묵을 무척 좋아했어요."

당시 등대 앞쪽 난간에 세월호 실종자들의 귀환과 희생자들의 명복을 비는 의미로 수많은 노란 리본이 묶여 있었다. 실종된 아이들의 부모님들은 평소 아이들이 좋아했던 간식들을 그곳에 함께 걸어놓았는데, 어머니는 기원단에 딸이 좋아하는 어묵을 놓고 싶어하셨다.

"어머니, 걱정하지 마세요. 제가 가장 맛있는 어묵으로 만들어 드릴게요."

그 자리에서 재료를 더 넣고 정성스럽게 끓였다. 그러면서 마음속으로 빌었다. 아이들이 어서 빨리 돌아오기를. 부모님의 따뜻한 품에서 편히 쉴 수 있게 되기를. 맛있게 끓인 어묵을 받아든 어머니는 기원단을 향해 떠났다. 혼잣말처럼 "오늘은 우리 딸을 찾을 수 있을까요."라고 말씀하시던 어머니의 뒷모습이 지금도 잊혀지지 않는다.

세월호 때의 자원봉사는 그 어떤 봉사보다 힘들었다. 하루에도 수차례 부모님들의 절규가 허공을 메웠다. 고통받는 사람들이 눈앞에 있는데도 그 고통과 슬픔을 조금도 덜어낼 수 없음에 무력감을 느꼈다. 다시는 이러한 비극이 반복되어서는 안 된다고 국민의 한 사람으로서 가슴 깊이 다짐한다.

요즘에도 요양원 봉사 활동을 계속하고 있다. 과거에는 한두 곳을 지속적으로 방문하였으나, 오랫동안 정이 들었던 어르신들이 돌아가시는 걸 알 때마다 힘들어져서 근래에는 전국 요양원을 돌아다니면서 방문하고 있다. 요양원 외에 장애인 어린이들이 지내는 시설에도 방문한다. 내가 가는 곳은 장애를 가지고 태어나 부모로부터 버림받은 아이들이 생활하고 있다. 대부분 중증의 장애인들이다. 처음엔 혼자 갔는데, 대학교 교수로 일할 때 자원 학생들과 함께 방문했다. 학생들에게 봉사 점수가 아니라 진짜 봉사를 하고 싶으면 가자고 말했다. 그 말에 대여섯 명의 학생이 참여해 주었다. 학생들은 그간 미처 만나지 못했던 이들을 만나고 몰랐던 사실들을 알게 되면서 앞으로 어떻게 살아야 하는지, 이 땅을 위해 어떻게 기여해야 하는지를 생각하게 되었다.

우리가 사는 세상은 결코 아름답지만은 않다. 뜻하지 않은 사건사고가 벌어지고 우리의 발은 수시로 구덩이에 빠져 버린다. 세상의 면면을 들여다볼수록 도저히 웃을 수가 없다. 인간의 불완전한 능력으로 숱한 문제들을 해결하기도 어렵다.

그럼에도 희망을 말하고 싶다. 아무런 희망이 보이지 않아도, 살맛이 나지 않아도 힘을 내자고 말하고 싶다. 왜냐면 지금 이 순간에도 어떻게 살아야 할까, 어떤 세상을 만들어야 할까 고민하는 사람들이 있기 때문이다. 이들은 두 손과 두 다리가 있는 한 땀을 흘리길 두려워하지 않는다. 절망의 순간에도 가만히 있지 않고 이 세상의 불합리와 부조리를 해결할 실마리를 찾아내며, 누군가의 눈물을 한 방울씩 닦아준다. 봉사란 별 게 아니라 바로 이런 것이다. 비록 많은 시간과 비용을 투자하진 못하더라도 후원 ARS를 보고 전화를 걸거나 서명을 남기는 것, 이런 작은 행동들이 모이고 모여 세상을 바꾸고 발전시킨다. 적어도 지금 우리가 속한 곳은 그러한 노력을 통해 발전한 세상이다. 그러니 어떻게 함부로 희망을 버리겠는가.

나도 이런 분들의 도움을 받아서 살아갈 수 있었고, 그 모습을 조금이라도 본받고자 흉내를 내는 중이다. 타인을 위해 기꺼이 밀알이 되고자 하는 사람들이 있는 한, 이 땅에서 빛은 사라지지 않을 것이다. 그리고 이들 중에 바로 나와 당신, 우리가 있기를 진심으로 바란다.

중앙대학교
2017학년도 후기 학위 수여식

Tips 최교수 Tips③

위기의 순간에 나를 지켜내는 법

- 폭망했을 때 좌절감과 후회를 짧게 끝내기.
- 현재 가진 걸 돌아보기(건강한 몸과 마음, 지금까지 쌓아온 경험과 지식 등)
- 타인의 시선, 평가에 흔들리지 않기.
- 내 길이 아니라고 판단할 때 빨리 포기하기.
- 사람들이 원하는 완벽함을 갖추지 못했다는 사실을 인정하기.
- 나를 망가뜨리고 해치는 이들을 멀리하기.

성공을 부르는 자기관리

성공을 부르는 자기관리법

- 과단성, 주도적 적응력, 엄격한 신뢰성, 영향력 확대를 위한 관계 형성.
- 바로 오늘 최선을 다할 것.
- 실패를 두려워하지 않을 것.
- 현장 경험을 쌓을 것(그 결과 임기응변이 좋아짐).
- 인맥의 확장이 가능한 일, 땀을 흘리는 노동을 해 볼 것.
- 꼼꼼한 하루 일정관리, 메모 습관을 가질 것.
- 사람에의 존중, 일상의 성실함을 유지할 것.
- 할 수 있는 선에서 꾸준히 봉사 활동을 할 것.

FA GLOBAL FINANCE OÜ
FA GLOBAL
BK FINANCE LTD

괜찮아요,
다 잘 될 겁니다

나 같은 사람이 책을 써도 되는 걸까.

원고를 다 쓰고 나서 뒤늦게 두려움이 엄습했다. 책을 쓰는 건 오랜 꿈이었다. 하겠다고 결심하면 반드시 해내는 성격이라 쓴 책인데, 쓰고 나니 사람들의 시선이 두려워졌다. 불안한 마음에 밤늦게까지 원고를 뒤적거리면서 이리저리 살펴보았다.

언제나 최고는 아니었다. 초중고등학교 축구선수 시절 이름을 날렸던 것을 제외하고는 별 볼일 없는 삶이다. 악착같이 일해서 돈을 벌면서 살길을 찾아나갔다. 지금까지 내 인생을 요약해 보면 그게 다이다. 최고 소리를 들었던 선수 시절조차 빛바랜 과거에 지나지 않는다. 따지고 보면 내세울 게 하나도 없다. 그런데도 왜 난 책을 쓰고자 했을까.

한번쯤은 내 이야기를 허심탄회하게 해 보고 싶었다. 가진 게 두 주먹뿐인 사람이라도 노력하면 어제보다 나은 오늘과 내일을 살게 된다고 말하고 싶었다. 최고는 아니었지만 최선을 다해 살아서 누구 앞에서라도 당당하고 떳떳하다고 외치고 싶었다. 하늘에서 가장 크게 빛나는 별이 아닐지라도, 그 주변에서 희미하게 존재감을 드러내는 작은 위성이라도, 잘 들여다보면 저마다 곱고 어여쁜 자태를 드러낸다. 큰 별만 별이겠는가. 작은 별도 별이다. 작은 별에도 박수받아 마땅한 사연이 있다. 그 사연을 풀어보고 싶었다.

나를 둘러싼 공간은 때때로 팍팍했고 숨이 막혔지만, 따뜻하게 마음을 열어준 이들 덕분에 살아갈 수 있었다. 그들의 후하고 넉넉한 마음 덕분에 꿈을 이뤄갈 수 있었다. 신세를 진만큼 넉넉한 마음으로 사람들을 대하고 나누며 살아가는 중이다. 누군가가 자기 복을 푹푹 퍼서 나눠주면 다른 이가 복을 받고, 받은 대로 또 다른 이들에게 나눠준다. 선한 영향력을 부르는 나의 이야기, 이 책은 바로 그런 이야기이다. 독자들이 이 책을 읽고 자신이 생각보다 가진 게 많다는 사실을 깨달을 수 있었으면 좋겠다. 땀을 흘리는 만큼 잘 살 수 있을 뿐 아니라 타인에게도 나눠줄 여유가 생긴다는, 뻔하지만 절대적인 진리를 알게 되었으면 좋겠다.

이 땅엔 수많은 이들이 저마다의 이야기를 만들어내며 살아간다. 그 이야기들은 잘 풀릴 때도, 꽉 막힐 때도 있다. 숨이 쉬어지지 않을 만큼 꽉 막힌 순간이 와도 포기하지 않고 풀어갈 수 있기를 바란다. 지금 당장 세상의 불행이 모두 나에게 들러붙어서 야속하리만큼 풀리지 않아도 언젠간 지나간다. 그러니까 스스로에 대한 믿음으로 잘 견뎌주시길 당부한다. 봄날은 늘 우리 곁을 떠나는 것 같아도 다시 돌아온다. 모든 게 결국 괜찮아지고 다 잘 될 것이다.